叛逆是管出来的

TREACHERY

闻源◎著

民主与建设出版社

·北京·

图书在版编目（CIP）数据

叛逆是管出来的 / 闻源著 .—— 北京：民主与建设
出版社，2021.4
ISBN 978-7-5139-3412-1

Ⅰ . ①叛… Ⅱ . ①闻… Ⅲ . ①家庭教育 – 教育心理学
Ⅳ . ① G78

中国版本图书馆 CIP 数据核字（2021）第 040123 号

叛逆是管出来的
PANNI SHI GUANCHULAI DE

著　　者	闻　源	
责任编辑	程　旭	
策划编辑	张意妮	
封面设计	平平 @pingmiu	
出版发行	民主与建设出版社有限责任公司	
电　　话	（010）59417747　59419778	
社　　址	北京市海淀区西三环中路 10 号望海楼 E 座 7 层	
邮　　编	100142	
印　　刷	衡水泰源印刷有限公司	
版　　次	2021 年 4 月第 1 版	
印　　次	2021 年 4 月第 1 次印刷	
开　　本	880 毫米 ×1230 毫米　1/32	
印　　张	7.75	
字　　数	125 千字	
书　　号	ISBN 978-7-5139-3412-1	
定　　价	49.80 元	

注：如有印、装质量问题，请与出版社联系。

推荐序

不惧创新才是真正的家庭教育引领者

家庭教育是无论我们投入多少精力和心力，依然需要努力的一个领域。无论是年迈的老人，还是健壮的中青年，也不管你是什么学历，有着怎样的社会地位，原生家庭和父母的教育方式都会影响你：性情是否温和，性格是否刚强，做事是否果断，甚至婚姻是否幸福，职场是否顺利……不夸张地讲，你的命运很多时候都藏在你的家庭教育中。

在公众媒体还没有如此发达的时候，我们没有太多的渠道去获取更多育儿知识，或者说没有科学的方法指导我们去教育下一代时，很多父母家庭教育的方法，大多数都来自于自己的父母、祖父母一代代人的经验和传承。这些经验有文化民族的习惯，也有父母家庭的行为，这也很好地解释了这样的现象——我们总是可以在父母或者兄弟身上找到自己的影子。

三年前我有了自己的孩子，在我成为爸爸后的一天早晨，全家人坐在一起吃饭，抬头一瞬间，突然发现，儿子用筷子的姿势竟然和我一模一样，甚至是他咀嚼时的样子。我觉得很有意思，在这之前，无论是内心还是行为，我并没有去刻意影响我的孩子。那天之后，我开始有意识地观察他，这才发现他走路的样子，睡觉的样子，甚至是说话时的语气词，都和我很像。从来没有强求过孩子吃饭和说话的方式，但是他为什么那么像我呢？父母的行为和习惯真的会在无意间影响孩子吗？

家庭教育和原生家庭的概念这两年已经深入人心，很多新手父母在各种渠道都接收到各种信息，奇怪的是，大家在看了很多书、听了很多课之后，育儿的困惑和焦虑仍然没有得到解决。理论如何落地执行到每位父母、每个孩子身上，才是最难也最有意义的事情。

父母是孩子每天都会见到的人，看上去似乎我们也没有做什么，但是孩子却可以天天看到一些父母的行为习惯并且加以模仿，按照闻源的话，这就是"遗传家教"。闻源坚信每个父母只要使用正确的教育方法，每个孩子都可以成才，这里所说的教育方法不一定是专业教育知识和理念，而是指父母的行为和习惯。

相信你也会有同样的感受，孩子身上除了拥有你和另一半的优势行为习惯，同时也会隐藏着部分你们的劣势行为习惯。这本书，会让你知道如何拓展和展现自己的优势，有效控制自己的劣势，这就等同于优化了孩子的参考对象。做一个充满优势的父母，其实就是最正确的教育方法，做一个好榜样比强迫孩子改变缺点要来得容易。

闻源从事教育十几年，提出了遗传家教的教育观点，一度让我耳目一新，他研究了上万个孩子，对几千个家庭进行了个案咨询，从中找到了父母的行为和习惯对于孩子的影响，通过测评找到属于我们自己家庭独特的"遗传"方式，这样父母就更容易了解到孩子的优点来自于哪儿，孩子的缺点来自于哪儿，父母需要做出什么样的调整可以协助孩子养成好的行为习惯。整套体系看起来更简单易懂，更便于家长实操。

我和闻源相识于演说家的舞台，认识这些年，每次见面三句话不会离开"家庭教育"这四个字。他专注、谨慎、科学，一直在为家庭教育努力。

蔡元培先生在《中国人的修养》一书中说到，决定孩子一生的不是学习成绩，而是健全的人格修养。孩子从小的教育影响着以后的发展道路，孩子的教育又要深系父母。

　　而咱们中国人常说"不要让孩子输在起跑线"，在我看来这个起跑线就是合格的父母、科学的育儿以及家庭氛围带来的稳定快乐的情绪。稳定的情绪是地基，科学的育儿是工具，合格的父母是目标。但是换另外一个角度来看，你掌握了科学的育儿手段，就不会在孩子犯错的时候情绪爆发，也就更接近合格的父母。掌握了真正的教育策略和手段，在教育孩子的时候才会游刃有余，才会更容易让孩子"赢在起跑线"。

　　陶行知先生在《第一流的教育家》里说过："我们在教育界做事的人，胆量太小，对于一切新理，大惊小怪。如同小孩见生人，怕和他接近。又如同小孩遇了黑房，怕走进去。究其结果，他的一举一动，不是乞灵古人，就是仿效外国。也如同一个小孩吃饭、穿衣，都要母亲帮助，走几步路，也要人扶着，真可怜。我们在教育界任事的人，如果想自立，想进步，就须胆量放大，将试验精神，向那未发明的新理贯射过去；不怕辛苦，不怕疲倦，不怕障碍，不怕失败，一心要把那教育的奥妙新理，一个个地发现出来。"

我觉得闻源就是这样的教育工作者，不断地创新、不害怕创新、坚持创新，才能用十几年的时间研究出更适合中国父母的家庭教育体系。

对于家庭教育，从来没有标准答案和方法，只有经过不断地实践和总结才能逐步找到适合孩子的方法。家长需要如此，家庭教育需要如此，社会也需要如此。家长学习新的教育理念，不是寻求答案，而是通过理念给父母带来心态的改变、思想的升华，我想这就是闻源在这本书里最想给大家带来的思考与力量。

《我从新疆来》导演 库尔班江

2021年2月4日 小年夜

自序

　　21世纪对于中国人来说是一个飞速发展的重要时期，这个时期的孩子出现的问题无论是数量、程度、种类都超过了父母和教育工作者的认知。在研究遗传家教之前，我觉得自己是一个教书匠，听家长跟我抱怨现在的孩子多难教，然后我再努力找到解决这些问题的办法。那时有一个问题一直困扰着我，为什么新一代孩子的教育难度呈阶梯化上升？

　　对孩子的教育越重视，家长就越会动用一切能力获得各种理论，加以实践，如果无效就会更换新的理论，反反复复，不断摸索，看上去很努力地教育孩子，其实只是摸着石头过河。但对于孩子的成长，我们又有多少试错的机会？谁又有勇气承担试错产生的结果？

　　于是我用了11年的时间，通过一万例个案咨询和1000例追踪个案的整理，发现了国人特有的教育孩子模式，并整理出不同家庭的父母组合模式会产生的教育优势和教育劣势。不够自信的家长，总是想着"如果我家孩子可以自信就好了！"这时候不仅不能给孩子做到榜样的力量，还会忽略掉自己身上具备的其他育儿优势，比如心思缜密，耐心超强……

从2014年起，我开始了全国授课，五年多的时间我走了全国171座城市，收集了全国各地不同民族和区域的家长育儿的困惑和他们的育儿绝招。通过不断分享、教学、回访、总结、考证、研究，最终汇集成了"遗传家教体系"，也成就了今天的这本书。

当第一个孩子对我说他从学习垫底到考上北大的时候，当第一个家长对我说她赢得了孩子的原谅和信任的时候，我知道遗传家教会帮助更多父母找到有效解决育儿问题的方法。

最初，为了保证这些方法可以专业有效地解决父母的教养困惑，我进行了几十次的实验，之后融合大量的教育学和心理学技巧，才有了现在你看到的结果。很多家长并不会了解这些育儿方法背后的教育学和心理学的知识和技巧，但是却很清楚这些新的教育手段对孩子的改变是成功的。

我们提倡"相信孩子可以做到"，给孩子一切可以尝试的机会，让孩子对自己负责。我们定的规则是命令，而孩子自己定的规则是自律。家长只要清楚我们的孩子和别人家的孩子不一样，我们的家庭和别人家也不一样，我们的教育态度和手段必然不一样就可以了。因为我们基于不同的家庭、不同父母的组合，找到了最适合你的教育技巧和修正方向。这样既不会因为不敢管孩子担心孩子走上歪路，也不会因为管多管错徒增成人的悔恨。

我们希望遗传家教可以成为你育儿道路上的助手，关键时刻帮你出谋划策，给父母提供一些切实可行的方法，给孩子一个成长的新方向。当孩子在犯错、愤怒、挑衅、行为不当的时候，我们不仅仅是愤怒、说教、无奈和妥协。没有一个家庭全是优势，亦没有一个家庭全是劣势。找到你们家族的优势，并使用正确的教育方法，父母轻松育儿不焦虑，孩子才能既成人又成才。

我有个习惯，每个月最少要看20本书，所以家中堆积着各种各样的图书，孩子回到家最常做的事就是翻看家里的书，因为看书更像是家庭日常生活的一部分。如果你家没有看书的习惯，你要求孩子看书就会成为孩子的负担，你和孩子之间就变成了压迫者和妥协者，最后不仅没有效果，更不会产生任何教育意义。也许你是一个种植高手，为什么不尝试培养孩子成为一个了解植物的小科学家呢？认识家庭的不同，认识孩子的不同，因材施教、因家施教，使用正确的教育方法，才能让每一个普通孩子成才。

我们愿意和那些想要更好地辅助孩子、引导孩子、教育孩子的父母一起梳理自己家的教育规则。我们坚信父母每一次正确的训练都会给孩子带来不同程度的改变，我会和你们一起为了孩子的成才、为了家庭的幸福、为了社会进步，开创出一条中国本土的有效育儿的道路。

目 录 / CONTENTS

智慧父母实操篇
孩子叛逆管不了？

方法对了，再难管的孩子也好管　　_121

智慧父母理念篇
叛逆不是孩子的错

精准解决叛逆期

我相信你一定无数次听到过"叛逆期"这个词。别人告诉你，孩子会在青春期进入叛逆期，你就信以为真，当自己家孩子八九岁就开始叛逆的时候，你还会反问自己，难道我家孩子"早熟"了？当你再看看邻居家调皮的小男孩天天和妈妈对着干时，你又会想，难道幼儿园的孩子也进入叛逆期了？

我们都知道叛逆期是孩子成长的一个阶段性特点，也总希望能找到一个确定的时间和规律，这样，我们就可以防患于未然，但现实往往事与愿违。为了让你更了解孩子的叛逆，我将从一个全新的角度为你解析叛逆期。

首先，我承认叛逆期的存在，这是很多教育家通过多年的教育经验得出的结论，但是并不代表所有的孩子都会在这段时间内出现叛逆的状态，就像有很多人问我妈："你家闻源叛逆期的时候，你是怎么教育他的？"我妈通常都会回答："他没有叛逆期。"其实仔细想想，我的叛逆期好像是在25岁以后。25岁之前，我真的一点儿出格的事情都没做过，甚至想都没想过。

叛逆期的时间范围没有精准答案，我可以给你举一个例子。拥有十几年家庭教育经验的我，最常听到的词之一就是"叛逆"。一个1岁孩子的妈妈对我说："如果不给他想要的玩具，他就会又哭又闹，孩子是不是进入了叛逆期？"一个5岁孩子的妈妈告诉我："如果不让他看动画片，他就会满地打滚儿，孩子是不是进入了叛逆期？"一个10岁男孩的妈妈告诉我："如果他犯了错误，说他几句，他就有可能离家出走，孩子是不是进入了叛逆期？"一个15岁孩子的妈妈告诉我："他有喜欢的对象了，如果多问几句，他就会不耐烦地跟你吵上一架，孩子是不是进入了叛逆期？"这些妈妈都有一个共性——认为自己的孩子进入了叛逆期。但是这个叛逆期的时间范围好像和我们理解的并不一样，咱们暂时先把这些称为叛逆期。

既然每个年龄阶段的孩子都会出现叛逆的状况，那么，要想解决这个问题，我觉得还是要先了解一下孩子出现叛逆的原因。以我参与过的一个个案为例。在这个家中，妈妈和孩子的关系极度恶劣，用水火不容来形容也不为过。孩子一直认为妈妈是"更年期"，而妈妈认为孩子是"叛逆期"。两人几乎天天吵架。我给他们出了一个题目：各自在纸上写出对方做什么会让你生气。结果非常有趣：孩子的答案是妈妈不理解他做事情的目的；而妈妈的答案是孩子一定要做那些明明会出问题的事情，让她很生气。

　　其实他们的答案已经解释了叛逆的由来，一方面，孩子的意识、社会经验、成长需要、心理成熟度等的发展还未达到成年人的标准，他们仍需要通过持续不断的学习、体验来提升。而妈妈更希望孩子可以规避错误，听从自己的建议，避开一些陷阱，让成长更平稳、快速。这位妈妈忽略了一个关键的问题，我们的经验也是从不断的尝试和学习中得来的，但是她却想拔苗助长，剥夺孩子的尝试机会，而这种"被剥夺感"让孩子备受压迫。有压迫就有反抗，这也就让父母们感觉到了叛逆。

　　无论从什么角度来看，叛逆基本上都是因为父母和孩子的沟通出现了问题。孩子想自己变得更好，这对孩子来说很重要；有目共睹，父母当然也希望孩子好。既然最终目标一致，那么父母就应该学习一些方法，让孩子更愿意接受或者参考你的建议。不过在这之前，你还是要了解"遗传家教"这一概念，即孩子身上的叛逆分为有意叛逆和无意叛逆两种。二者完全不同，解决方法自然也不同。接下来，我们就详细地说明一下无意叛逆和有意叛逆。

无意叛逆

无意叛逆主要是针对低龄低幼的孩子而言的，他们的"与父母对着干"更容易被分析和解读，父母破解起来相对容易，需要的时间精力也会少一些。

小雨是一个6岁的男孩，吃晚饭前他无论如何都要看动画片，妈妈告诉他："吃完饭再看。"他瞬间就不开心了，嘴巴撅得老高，坐在沙发上一动不动。妈妈走过去，一下子关掉了电视。他马上开始大哭，还边哭边喊："你是坏妈妈，我不喜欢你，你走开，我不要你！"然后就朝妈妈丢抱枕，妈妈一时气不过，就给了他一巴掌。孩子挨了打就更加愤怒，开始乱丢东西，最后连左邻右舍都惊动了。

孩子妈妈向我咨询："我家孩子怎么这么叛逆，我也没说不让他看动画片呀，只不过是吃完饭再看罢了。他现在就这么叛逆，等到青春期还不得逼死我呀！"她一口咬定孩子到了叛逆期。当妈妈把所有怨气发泄完后，我问她："你觉得你家孩子正在叛逆期内，那你想一想，他是从什么时间开始有叛逆行为的？"她想了一会儿说："好像从两岁多就开始这样了！"听了她的话，我就给她讲了另外一个故事。

安安是一个7岁的女孩，因为班里最好的两个朋友都买了一个品牌的裙子，小伙伴就让安安跟妈妈说也想要一条一样的裙子，妈妈答应了安安的请求。隔天妈妈在商场发现那个裙子特别贵，有点舍不得，就买了另外一条便宜的裙子。晚上安安看到裙子后很不高兴，还大哭起来："这不是我想要的裙子。"看到安安大哭，妈妈更加气不打一处来，直接告诉她："如果你不要，我就把这个裙子送人，以后再也不给你买衣服了。"母女二人你一句我一句地吵起来，最后妈妈对安安大喊："你要是觉得你同学家好，就去给他们家当孩子吧！我不要你了。"然后妈妈就进屋工作去了。过了一会儿，妈妈发现孩子没有任何动静，便打开孩子的屋门，结果发现孩子没在家，全家人把孩子的同学、朋友问了个遍，却依然没有孩子的任何消息。正在妈妈手足无措的时候，警察打来电话，说在火车站遇到个孩子，孩子说出了她的电话。孩子找到了，但是妈妈再也不敢跟孩子说狠话了。

讲完这个故事，我问小雨的妈妈，这么一对比，你还觉得你的孩子叛逆吗？她摇摇头："我觉得我的孩子也就是发发脾气而已，还真算不上叛逆。"

看到小雨妈妈的认知发生了改变，我开始和她分析孩子的行为。

第一步，找到孩子所有"和你对着干"的案例，或者你觉得孩子叛逆的案例，可以找一张纸试着写下来。小雨妈妈举了很多例子，比如：让孩子去写作业，他偏不愿意去写；让孩子多吃点青菜，他不吃；让孩子早点回家，他玩儿到8点还不想回家；不让他去同学家，他偏要去；告诉他不要在超市里乱跑，他偏偏在超市里捣乱，抱着自己想要的玩具、零食不撒手，大哭大闹……看到这些，妈妈们是不是觉得非常眼熟！这些基本都是低龄低幼的孩子会出现的问题。

第二步，把刚才写下来的案例进行分类，找到孩子叛逆的原因，也就是找到孩子选择和你对着干后可以获得的好处。这时你会发现，低龄低幼的孩子的叛逆都是为了满足自己的需求，而这些需求更容易被发现，就像小雨只是为了看动画片、安安只是想要一条裙子。对于这一阶段的孩子来说，他们的需求基本都和物质、情绪相关。

　　第三步，想解决孩子的叛逆，这里推荐一个特别简单的方法。如果孩子和你意见不统一，问题涉及底线，那就直接告诉孩子，这是底线，无论如何你都不会同意，因为底线一旦被践踏，以后你在类似的问题上就根本不会有任何权威，更不要指望孩子听从你的建议。

　　如果让你和孩子意见不统一的是物质问题，就要适当降低或者延迟满足孩子的要求。如果孩子提出的要求你很难接受，你可以和孩子商量一个折中的办法，这样至少会让孩子学会商量和适度让步，而不是通过对抗来获得想要的东西。如果让你们产生不统一的是情绪问题，这时候千万不要强迫镇压，一定要先认可孩子的情绪，给予孩子足够的爱。在这里要说明一下，给孩子足够的爱并不代表妥协。之所以在孩子情绪上来时，不跟孩子进行直接对抗，是因为情绪对开只会让孩子认为讲道理不重要，吵架时情绪和脾气才是解决问题的办法，这样反而距离你想要的和平协商更远了。

这就是我给无意叛逆的一点建议。仔细观察后你就会发现，孩子的无意叛逆都很容易解决，前提是你没有发脾气。

有意叛逆

有意叛逆大多出现在青春期前后的孩子身上，叛逆对于他们来说更像是策略。所以我常说：与青春期孩子相处需要斗智斗勇，一步不慎，就会满盘皆输。这么说虽然夸张了一点，但事实就是这样。这个年纪的孩子已经拥有了一定的社会经验、语言技巧、较成熟的逻辑思维能力和策略，这时候你很难轻易搞定他们。

天天是一个15岁的男孩，暑假时他整日沉迷于手机游戏，白天不起床，晚上不睡觉，妈妈说了很多遍，也一点儿效果都没有。而且说的次数越多，妈妈自己积压的内在情绪就越大，最后妈妈直接抢过孩子的手机扔到了地上。孩子先是愣了一下，然后一把抢过妈妈的手机扔到了窗户外。亲子战争正式开始。最终，妈妈气得不说话，孩子也不理人；妈妈不做饭，孩子就吃方便面。局面僵持，谁也不想妥协。这一阶段的孩子的叛逆，就像是为了获得自己的权利采取的策略，如果投降，就意味着主权丧失。相比低幼孩子的无意叛逆，他们的叛逆处理的难度要高得多。

青春期前后的孩子，其叛逆充满着各种挑衅，因为他们有了自己的是非观、权利意识和隐私意识等，会为了自己的利益进行反抗。但他们的社会经验和心理成熟度还不够，很容易造成各种难以接受的后果。

丽丽给我讲了一个她的故事。

她14岁时情窦初开，和高中同学产生了暧昧的情愫。有一次他们牵手被妈妈发现了。回去后，妈妈对她动之以情，晓之以理，但是她一点儿都不认可。生气的妈妈说了很多难听的话，在我看来，这些话成年人听了都难以接受，更何况还是孩子的丽丽。

但第二天，她却变得十分乖巧，妈妈认为她终于明白了自己的苦心。接连几天，她都很听话，回家主动写作业，还上交了手机，第四天，她告诉妈妈学校需要补课，费用是4000元，她自己带去学校就行，妈妈也没怀疑她的话，就把钱给了她。

当天晚上孩子没有回家，妈妈就找到那个男孩家里，发现男孩也用同样的方法从家里骗走了5000块钱。

两家人都有预感，两个孩子应该是离家出走了。于是，两家父母动用了一切资源寻找两个孩子，但最终也没有找到。几个月后，因为接到举报，当地派出所把她和那个男孩送了回来。这一期间发生了很多事，她很后悔，最终她也没有和那个男孩在一起，但是她对青春的叛逆有了更深刻的理解。

现在她也成了妈妈，孩子也已经十四五岁了，她表示自己在教育孩子的时候智慧了很多。我问她为什么有这么多方法，她说："青春期的时候，我觉得自己长大了，可以承担责任了，可以独自面对所有的挫折和困难，但是困难却不会因为我是孩子而善待我。我认为我的叛逆就是在与黑暗势力作斗争，我要战胜邪恶的老巫婆，获得属于我的自由、权利、快乐和隐私。长大以后我发现，无论输赢，最终都是我输了。当了妈妈后我才知道父母有多爱我，我只是在拒绝他们的表达方式，并不是要拒绝他们的爱，也并非想伤害他们。"

青春期的孩子心底有着明确的目标，他们算计着，想要"战胜"父母，而父母不想孩子走错路，也想要战胜他们。这样一来，战争就爆发了。双方都想要对方的尊重，但是谁也不想先妥协，这是所有矛盾的导火索。之所以会出现叛逆期，与其说是孩子叛逆，不如说是亲子之间沟通不畅。

在孩子的成长过程中，叛逆就像里程碑，每一次叛逆都是孩子逐渐长大的证明。如果想让孩子不叛逆，你就要改变自己和孩子相处的模式。

首先，你要看到孩子的成长，尊重孩子的自尊心。

其次，犯了错一定要主动跟孩子道歉，这才是彼此尊重的核心。你的歉意换来的是孩子的尊重，而不是蔑视。

第三，你要相信孩子有独立处理事情的能力，不要剥夺孩子成长的机会。保证孩子拥有自主权、发言权、时间支配权和隐私权。

自主权：家长要尽量避免说出"你应该""你必须""你懂什么"这类话，这类话传递的一个信息就是"命令"，会让孩子觉得父母一直要控制自己，自己必须在他们的安排下做事，这会刺激孩子，使其反抗，或许会出现你最不想看到的叛逆。

发言权：如果孩子成绩不好或者惹了祸，很多父母都会恐吓孩子，如"考不上大学就去扫厕所""捡破烂都没人用你"，叛逆期的孩子对这些话可以算是"百毒不侵"了。与其刺激孩子，还不如问问孩子："接下来你有什么计划吗？我觉得你可以搞定这门功课，如果没有办法，可以找爸爸帮忙！"给孩子发言的机会，毕竟这是他的人生，你也会多一个机会去了解孩子到底在想什么。

时间支配权：叛逆期的孩子渴望拥有自己的独立空间，所以，千万不要将孩子的时间按成年人的意愿安排得满满的，要将时间交由孩子去安排。如果孩子的安排不合理，提出自己的建议即可，绝不要全盘否定孩子的安排，否则一定会出现矛盾。就算孩子妥协，遵从你的安排，那也可能是"阳奉阴违"。

隐私权：进入青春期后，孩子开始有自己的秘密，不准你碰他的手机甚至进他的房间；家长跟孩子说话，孩子却表现出不耐烦。如果孩子不愿同你交流，一定不要强迫孩子，切记不可以偷窥孩子的隐私或者跟他的朋友打听他的秘密。尊重孩子的同时，你也为自己赢得了尊重，这样你们才能避免冲突。

其实，无论是无意叛逆，还是有意叛逆，归根结底还是你和孩子的沟通出现了问题。我经常告诉家长，如果在教育孩子的过程中，你们的最终目标是一致的，中间却出现矛盾，那么百分之百是因为沟通出现了问题。

如果能掌握沟通的方法，你在处理和孩子的关系时就会游刃有余。下面分享四个适合亲子沟通的方法。

1. 坚持尊重孩子

不要总是盯着孩子的缺点，更不要拿孩子的缺点同其他孩子的优点比较。在孩子的成长过程中，即使孩子屡次失败，也要鼓励孩子，让他自己发现问题，减少孩子对家长的抗拒心理。

2. 学会换位思考

成人也是从青春叛逆期走过来的，孩子的叛逆行为其实也是成长的特点，不要急着镇压，不妨换位思考，想想孩子为什么会这样。当你了解孩子的目的并且理解孩子时，不仅可以找出问题的症结，也可以找到解决问题的路径。

3. 避免情绪化

切忌带着情绪去教育孩子，你的不理智会让孩子愈加抗拒。你的情绪化会点燃孩子的情绪化，导致问题走向死胡同。所以，急躁、心烦、不冷静的时候，家长不要教育孩子，要先找一个安静的空间，等自己平静后再和孩子交流，找到最佳的解决方法。

4.接纳犯错

这个阶段正是孩子主见逐渐形成的关键期，偶尔犯一些小错是在所难免的。家长应该接纳孩子犯错，不要因为担心就控制孩子的行为、帮孩子做决定，否则不仅不能让孩子形成主见，还会导致亲子关系恶化。

如果孩子出现叛逆的行为，你也不要认为这件事无解，反而应该更积极地与孩子沟通。如果孩子感受到你的决定和建议是因为爱他，我相信孩子也是会接受的。亲子之间怎么可能有解不开的结，就看已经成年且成熟的我们是否愿意心平气和地与孩子沟通罢了。只要沟通顺利，孩子的叛逆期也就可以平稳地度过了。

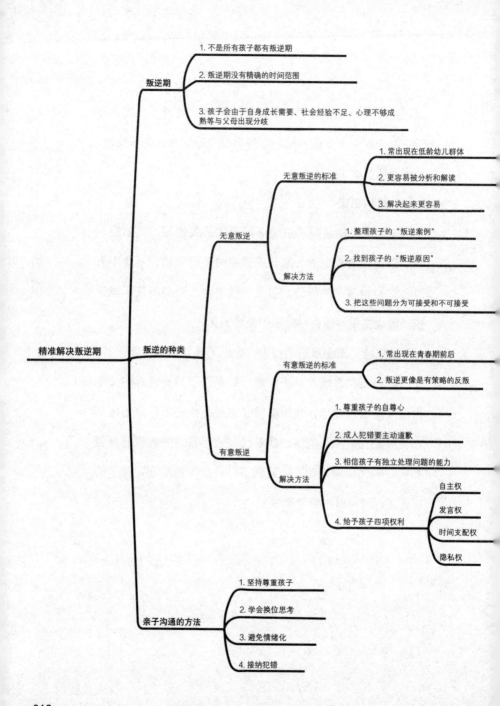

精准解决叛逆期

叛逆期
- 1. 不是所有孩子都有叛逆期
- 2. 叛逆期没有精确的时间范围
- 3. 孩子会由于自身成长需要、社会经验不足、心理不够成熟等与父母出现分歧

叛逆的种类
- 无意叛逆
  - 无意叛逆的标准
    - 1. 常出现在低龄幼儿群体
    - 2. 更容易被分析和解读
    - 3. 解决起来更容易
  - 解决方法
    - 1. 整理孩子的"叛逆案例"
    - 2. 找到孩子的"叛逆原因"
    - 3. 把这些问题分为可接受和不可接受
- 有意叛逆
  - 有意叛逆的标准
    - 1. 常出现在青春期前后
    - 2. 叛逆更像是有策略的反叛
  - 解决方法
    - 1. 尊重孩子的自尊心
    - 2. 成人犯错要主动道歉
    - 3. 相信孩子有独立处理问题的能力
    - 4. 给予孩子四项权利
      - 自主权
      - 发言权
      - 时间支配权
      - 隐私权

亲子沟通的方法
- 1. 坚持尊重孩子
- 2. 学会换位思考
- 3. 避免情绪化
- 4. 接纳犯错

不可接受：直接拒绝并告诉孩子这是底线

可接受：物质问题可以适当降低或者延迟满足
情绪问题则认可孩子情绪，切忌强迫打压

第一次做父母，
一定要知道的养育原则

第一章

"遗传家教"，看到叛逆孩子背后的家庭影响

我刚从事教育工作时问了母亲一个问题："妈，我发现我身上的韧劲和坚持跟您特别像，您当初是怎么教我的？我想学学，学会了好教给其他孩子！"

我妈想了想说："我也说不清是怎么教你的，我就是学着你姥爷当初教我们的样子做的。"我想了想，的确是这样——舅舅和我妈的待人处事风格简直就是一个模子里刻出来的——这是我第一次感受家族传承的力量。

由此，我开始有意识地在生活中寻找家庭力量的痕迹，想寻找它和我们之间的联系。

我95岁的奶奶是一个非常独立的老太太，她每天准时起床，自己穿针补袜、清理垃圾、叠被子……我65岁的父亲从未赖过床，每天都是6点半准时起床，把自己的事情

做得妥妥当当。无论是在农村老家，还是在如今的北京，自己的事从不假手于他人。

而我每天7点准时起床，孩子会和我们一起起床，吃完早餐上学。很多人咨询我孩子早上不起床导致上学迟到该怎么办时，虽然我会把很多办法教给他们，但我却从未被这个问题困扰过。

我非常明确地知道——这些行为习惯并不是我后天习得的，它们像是刻在骨子里的一种潜意识，是原生家庭给予我的一种力量。

于是，我开始研究遗传家教。

我对1000名幼儿的行为习惯进行了追踪，发现了一些很有趣的现象。

例如，有一位妈妈跟我说："我家孩子简直没法要了，整天闹腾得要命！"

我问她："孩子做了什么过分的事情吗？能举个例子吗？"

妈妈说："他一天到晚就知道哭，遇到什么事情都哭，要买玩具好好说不就行了吗？他偏不，就知道哭！最过分的是，晚上我关灯让他睡觉，他也一个劲儿地哭。我把灯打开了，他还是哭……我真不知道拿他怎么办了！"

说到这里，这位妈妈忍不住掉起眼泪来，边哭边说："你说他有什么问题直接说或者解决不就好了，哭有什么用！"

　　听到这里，我很想问问她，她家孩子的表现和她现在的表现是不是很像呢？

　　其实，孩子身上很多令人头疼的问题都可以在其父母身上看到影子，比如目标感、情绪管理、竞争力、专注力，等等。就算是花钱这件小事，都有可能源于行为遗传。

　　小时候我身体不好，因为治病花了很多钱，导致家里外债累累。所以，在我幼年的记忆中，父母都是一分钱掰成两半儿花。而我也养成了勤俭节约的观念，虽然工作后收入直线上升，但我的消费观却多年未变。

　　一位妈妈曾跟我说："我给了闺女50块钱，告诉她这是一周的零花钱。但她带着小伙伴去超市一小会儿，就把钱花得干干净净！于是，我狠狠地批评了她……"

　　我问这位妈妈："你平时花钱是什么样的？"

　　她忽然沉默不语，半晌后怯怯地说："其实我也这样！我每个月都得跟朋友借点儿小钱周转。但是，我自己有赚钱的能力呀！"

快来一起吃！

　　这多像我们常说的"只准州官放火，不准百姓点灯"啊！的确，在现实生活中，太多的爸爸妈妈认为问题出现在孩子身上比出现在自己身上更严重。如果慎重地思考一下孩子的行为表现，也许你就会发现，这个问题很可能是几代人都有的家庭情况——孩子的种种行为都是有原因的。

　　我把这些家庭中一代或多代的共同优/劣势情况统称为"遗传家教"，也就是父母对孩子行为的直接遗传或影响。

　　从2009年开始，遗传家教成为我的研究方向。

　　一个学术名词的建立，需要的不仅仅是研究者做出判断、分析和推导，还需要缜密的科学论证。于是，我开始大量查阅行为遗传学和表观遗传学的相关研究资料。

人类的后天行为习惯可以遗传给下一代吗？我发现，该领域是非常前沿的表观遗传学领域，父母辈的习惯会通过表观遗传学的改变而传递给后代，这种现象是有足够证据支持的。

达尔文和高尔顿是最早从事行为遗传学研究的科学家。达尔文提出，天才和智力迟钝都有明显的家庭性。高尔顿在研究过当时杰出人物的身世后，于1869年发表了《遗传的天才》一书，提出天才人物的家庭成员大多是天才，而且其能力也有家庭遗传的倾向。

大量的科学论证佐证了我的观点，也加强了我做这方面研究的决心。我希望通过研究"遗传家教"，梳理出中国人的教育特点，找到简单、有效又切实可行的方法，让亲子教育变得更轻松、更高效。

这甚至也成了我新的人生课题。

从2009年开始至今，我整理了近一万个案例，寻找孩子与原生家庭背后的秘密。经过筛选对比，我将它们汇总成了"遗传家教养育卡牌"——用50张卡牌浓缩了0~12岁孩子的常见问题，以及他们与原生家庭的关系。

通过卡牌，你可以在五分钟内找到教育孩子时遇到的困惑，并通过卡牌背面详细的原生家庭诱因找到相应的解决办法，从而把家庭教育的理论知识变成简单易行的方法，有效地落实到现实生活中，让家庭教育不再受文化差异、物质条件、学历等外界因素的制约。

　　可能你会问，为什么可以那么快就做出判断？原理是什么？每个家庭各不相同，又怎么会有统一的解决办法呢？其实，这个问题也曾困扰过我。我一直提倡"因材施教"，根据孩子的特点在教育手段上做出改变。直到开始把行为和习惯作为两个不同层级来分析家庭教育时，我才发现，不管是行为还是习惯，如果按照有意和无意来划分，孩子的问题就会变得格外相似。

　　比如早恋，无论家长有多排斥，它依然会发生，这跟家庭条件、社会地位、文化差异、经济条件和文化水平等完全无关。当我们用有意、无意的行为和习惯来做区分时，会有四个不同的"量级"。虽然让父母忧心的诱因不同，它们可能是长期诱因，也可能是短期诱因，更可能是突发诱因，其解决的方法也可能不同，但问题的核心目标却是一致的——需要解决的都是孩子的动机、目的、需求——我称之为孩子的"本欲"。

只有孩子的"本欲"获得了满足，问题才会朝着好的方向发展。

什么是孩子的有意行为、无意行为、有意习惯和无意习惯？可能你会觉得一头雾水，完全无从分辨。没关系，我说几件小事，你就能立刻明白划分的标准了。

有意行为： 打架。

无意行为： 耳朵痒，用手抠耳朵。

有意习惯： 早晚刷牙。

无意习惯： 口头禅。

这些问题几乎会出现在所有孩子的身上，只不过轻重程度不同而已。它们都具有不固定因素，在有意和无意的行为、习惯中来回转移。有可能一些好的习惯，例如阅读，最后成了行为，然后"内化"在孩子的生命中。也有可能一些行为，例如骂人，因为没有调整，最后成了习惯，以至于孩子经常脏话连篇。

我相信，在孩子成长的过程中，一定有一些行为变成了习惯，也有一些习惯变成了行为，最后"消融"在孩子成长的道路上。如果我们不小心错过了孩子的最佳教育时机，是多么可惜的一件事呀！所以我致力于推广遗传家教，让家长更着重于解决问题，而不是一味地学习和反思理论知识。

当然，任何方法都离不开理论的支撑，我将遗传家教梳理出两条线，随机问题用卡牌解决，家庭行为习惯的问题则用大量的理论知识来讲解。通过拓展管教法则，达到拓展家庭遗传优势的目的；而通过修正管教法则，则可以修正家庭遗传过当。

希望每个孩子都能如爱尔维修所言："**如果受到正确的教育，每个健全的普通孩子都能成为优秀的人才。**"

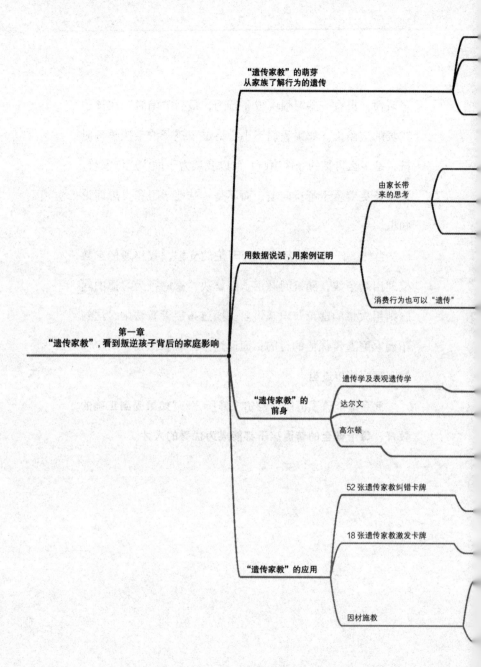

第一章
"遗传家教"，看到叛逆孩子背后的家庭影响

"遗传家教"的萌芽
从家族了解行为的遗传

用数据说话，用案例证明

由家长带
来的思考

消费行为也可以"遗传"

"遗传家教"的
前身

遗传学及表观遗传学

达尔文

高尔顿

"遗传家教"的应用

52 张遗传家教纠错卡牌

18 张遗传家教激发卡牌

因材施教

我的坚韧和坚
持来自母亲

舅舅和妈妈在为人处事上简直是姥爷的翻版

孩子上学不赖床的秘密
- 95 岁的奶奶每天准时起床
- 65 岁的父亲每天 6 点半起床，风雨无阻
- 我和哥哥每天 7 点准时起床

孩子遇到问题就爱哭

妈妈常用哭作为发泄渠道

孩子的目标感、情绪管理能力、专注力等都会遗传于父
母甚至祖父母

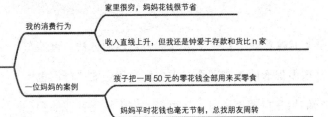

我的消费行为
- 家里很穷，妈妈花钱很节省
- 收入直线上升，但我还是钟爱于存款和货比 n 家

一位妈妈的案例
- 孩子把一周 50 元的零花钱全部用来买零食
- 妈妈平时花钱也毫无节制，总找朋友周转

父母的习惯会通过表观遗传学传递给后代

天才和智力迟钝都有
明显的家庭性

《遗传的天才》中写到，天才的
家庭成员大多是天才，其能力也
有家庭遗传的倾向

解决孩子的日常习惯、社交、价值观、安全感四大板块
问题，3 分钟有针对性地解决家长困惑，提供育儿建议
和方法

测试父母属于"豹""虎""牛""猫"哪类父母，指出
孩子的遗传方式及家族优劣势行为和习惯，因材施教

知"本欲"才能晓孩子
本欲指孩子的动机、目的、需求，有目标地进行教育和
引导

行为不同，教育方式完全不同
- 有意行为　打架
- 无意行为　耳朵痒
- 有意习惯　早晚刷牙
- 无意习惯　口头禅

第二章

四个关键词，智慧父母的必备教养法则

关于如何教养孩子，每个家庭都有自己的方法。近些年，国外很多优秀的教育理念进入中国，年轻的父母们也常常将它们用在自家孩子身上。可惜，由于缺乏客观的判断和考量，一些理论被张冠李戴地"强套"在孩子身上，却无法得到家长想要的结果，最后只能半途而废。

其实，这些理论的底层逻辑都绕不开四种养育行为。

接纳：孩子不是你的附属品，他们都是独立的个体

从备孕起，我们就已经开始了对孩子的接纳。为此，我们甚至要放弃自己二三十年来已习惯的生活方式，就算有父母并不那么心甘情愿，最后也会妥协。

也许有的父母会不服气：凭什么说我是"妥协"？我就是接纳，根本不是妥协！那好，让我们一起来看什么是接

纳，什么是妥协。

妥协：对原本追求的权益进行让步。妥协是一种退让行为，在被迫、不情愿的情况下，改变自己原本的行为以求安稳。

接纳：接纳不代表接受，也不代表你的一切都符合我的思维方式。是我允许你以客体的身份，以你独特的形式存在于我的心里。

我在参加线下活动时经常会用到这样一个案例：

周末，你做好了一堆美食，但是孩子哭着闹着只想吃汉堡。你怎么劝说都没用。家人说："你去给孩子买个汉堡不就好了吗？别让他一直哭。"你花费心思为孩子做了一桌菜，最终却因为孩子的哭闹和家人的劝诫放弃了自己的权益，这个就是妥协。

而如果你选择对孩子说："我知道你想吃汉堡，但妈

妈已经给你做好这么多菜，你先尝尝看，晚上我再带你去吃汉堡。"带孩子去吃汉堡，并不代表我觉得吃汉堡对孩子身体有益，也不代表我的思维被同化了，这就是接纳。

妥协和接纳还有一个本质区别——当我们选择妥协，孩子便是你的附属品，他的情绪会成为你的情绪，你们以彼此捆绑的形式存在。而当我们选择接纳，就可以清楚地分辨出你是你，孩子是孩子，你们有彼此独立的权益、目标、情绪和思考，就算同意了孩子的要求，但是通过你的保留态度，也能让孩子看到你们是不同的、独立的个体。

面对孩子的错误行为，接纳会让我们合理地管理自己的情绪，也会让我们更加清醒地思考。同时，接纳也能给孩子创造更多体验的机会，让孩子有更独立的成长空间。如此，孩子才能真正地长大成才。

虽然接纳是教育孩子过程中一个很重要的手段，但是，面对底线和原则，父母不能简单地以接纳或妥协来处理一些超出底线和原则的行为。

底线：孩子的成长不应该总是越界
生活中，我们总能看到"熊孩子"的踪影，相信在孩子的诸多毛病中，"自私"一定榜上有名。从演化的角度看，人类为了保证自我的安全感和价值感，会本能地出现自私的行为。当孩子为了获取安全感和价值感而践踏父母的底线时，最初，父母会全力反抗孩子的此类行为。但这更会激起孩子的挑战欲，因为这样的挑战行为更容易让孩子获得价值感。

曾有一个家长这样形容自家的孩子："不在乎别人的底线，只在乎自己是否可以得到，哪怕践踏别人的尊严也要获得自己想要的一切。"

自私，是我经常听到的一个形容词，但当家长使用"践踏"这个词时，我意识到了这件事的严重性。于是，我开始详细问询这个家庭的教养行为。

原来，这个孩子小时候不懂得社交，会用手拍打爷爷的脸。妈妈虽然嘴上说着"不能打爷爷"，但总是笑得前仰后合，于是孩子打得更起劲了。

吃饭的时候，孩子遇到不喜欢吃的东西就会往外推，甚至用力把东西扔到地上。这时，妈妈往往会用请求的语气问孩子："你想吃什么？妈妈去给你做。"

点菜则是他们家的一个重要环节——菜端上桌的时候，孩子可能会临时改菜单，有时还会把桌子上的菜混到一起，大声喊："丢掉，丢掉。"

上幼儿园时，很多爷爷奶奶一两天后就会全权把孙子或孙女交给老师了，而他家的爷爷奶奶整整在幼儿园门口坐了半年，生怕孩子在幼儿园受到伤害和不公平的待遇。只要听到孩子哭，不管是谁家的孩子，也不管是刮风还是下雨，爷爷奶奶都会在三分钟内出现在幼儿园门口，就为了看看哭的是不是自家孙子。

很多家长问我为什么孩子越来越自私，在我看来，主要原因有两个：

第一是父母过于无私。孩子不需要付出就可以得到自己想要的，他怎么会用付出来换取想要的东西呢？

第二是孩子踩到底线的时候，家长没有"反抗"。

底线，指的到底是什么呢？

所谓底线，是一个范围的最低边界——人际、道德、行为和心理都有边界，这些边界通常是约定俗成的，有的更像法律法规，其实就是我们所说的伦理道德。所以，无论如何，我们都要坚持底线，不能放任孩子享受突破长辈底线的乐趣。

不要给孩子找任何理由，认为"他还小，等他长大了就懂了"。事实恰恰相反，孩子长大了，只会变本加厉，不仅会在家里踩踏底线，甚至可能会去突破他人、社会和国家的底线。彼时，他所影响的，就不再是家里的几个人，其负面影响的范围可能远超我们的想象力。

规则：是家"和"与国"兴"的构成要素

"无规矩不成方圆"，先哲用这句话告诉我们，家庭、社会和国家，都需要规则。而家庭则是制定、培养所有行为规则的基础场所，规则越健全，孩子的内心越自洽，安全感也越足。

《曾国藩家书》为何百年不衰，为何曾氏一族培养了数代英才？是因为这些规则被内化后会成为孩子一生的行为，会持续地影响他们的一生。所以，规则不只是一句句口号，而是为人处世的行为准则。

曾国藩给自己的孩子们定下的家庭规则仅有九个字，但每一条都可以作为专门的课题去分享和研究。

第一条：早起床。早起床传递的行为要求是不要懒惰，珍惜时间。

第二条：勤读书。勤读书告诉孩子们，想了解更广阔的世界，就要从读书开始，读书是求知的起点。

第三条：做家务。体验家庭的情感连接，感谢父母的辛苦，并且掌握生活的技能。

家的规则让家"旺"，国的规则让国"兴"。

说到国家，很多人并不清楚国家的规则，以为不犯法就是守规则。难道国家的规则仅仅是不犯法吗？还有人说："国家那么大，我一个人稍微不遵守规则应该没啥影响吧？"其实，我们还是低估了自己的影响力。

我们从两点简单地来了解一下国家的规则：

我是一个从来不闯红灯的人，因为我总觉得身后会有孩子在看着我。这种感觉从我当老师的那天起就一直存在。不知道哪一天，我们小区里的一条死胡同装了一个红绿灯。我一直不明白为什么要在这里装红绿灯，后来听说是因为这条路要通到火车站，但这项工程两年内肯定不可能完工，所以这个红绿灯就成了摆设。

有一天晚上，我带着侄子去遛狗，没理会红绿灯就拉着侄子走了过去。那条路有5米宽，侄子走到一半时对我说："叔叔，咱们闯红灯了。"听了他的话，我快速退了回去，站在人行道上等绿灯，并自言自语地说："这件事我做错了，要惩罚自己多等一个绿灯。"就这样，我们成了在那条路上"唯二"等绿灯的人。慢慢地，跟我们一样等绿灯的人越来越多。

闯红灯到底违不违法？违法。但是，有人会因为闯红灯被抓吗？几乎没有。很多时候，规则不仅仅是法律的规则，还有道德的普适以及行为的准则。只有每个人都遵守规则，国家、社会才会更和谐、安全、进步和发展。

侄子的一句话点醒了我，一个5岁孩子能有多大的影响力？但正是他的一句话改变了一群人的行为。我退回来讲这件事有什么价值？从表面上看是我认可了侄子遵守规则的行为罢了，但得到的结果却很高尚，而这只是从一件小事开始的。

可以这样说：

无规则的爱叫溺爱，有规则的爱叫幸福。

无规则的家叫客栈，有规则的家叫心安。

无规则的国叫乱世，有规则的国叫强大。

无论是幸福、心安还是强大，作为家长，我们需要做的不是不断地为孩子传递理念，而是做给他们看。这是最简单的方法——用行为激发行为，将行为准则传递给孩子，让良好的行为成为孩子们探索和改变世界的助力。

探索：改变世界与时代进步的唯一渠道

是什么改变了世界？如果一定要说一个答案，我觉得是好奇心。因为好奇心的背后隐藏着探索行为。探索是人类学习知识、发展能力的必要途径，对丰富精神生活、增长知识、锻炼意志、发展特长、培养科学素质等都有十分重要的作用。

孩子从出生起，无论是用小手碰触外界，还是用嘴啃咬东西，都是探索行为。他们的世界没有干净、细菌或安全的忧虑，有的只是单纯的好奇心。探索让他们解决了问题和困惑，完成了对外在世界的认知，使他们具备了面对生活的能力。

我记得侄女两岁半时对家里的饮水器十分感兴趣，总想拿她的小手绢去洗一洗，像是模仿大人在水龙头下洗衣服。饮水机出水口的高度与侄女的身高仿佛，就好像专门为她设计的一样。于是，她开始了自己的探索之路——尽管这条路常常被我们拦阻，但这却越发激发了她的探索欲。

家人们被这个问题困扰，我决定亲自解决这个问题。第一步，我让她看着我放开水，等到加热灯再度亮起，水温还烫手的时候，我让她用手指碰一下，她瞬间将手抽了回去。然后，我将她带到洗手间碰了一下水龙头的水，侄女很高兴地说："我要玩这个水。"于是我拿来一个小盆，开始教她洗衣服。小侄女的行为，正是我此前讲到的"本欲"。

对未知的东西，孩子总有说不出的好奇心。这种好奇会激发孩子们的探索行为。毕竟这个世界新鲜的事物太多了，总有值得探索的东西。有的孩子喜欢宇宙，有的孩子喜欢飞机、坦克，有的孩子喜欢动植物……每一次探索都会让孩子解决一些困惑，而这个过程又会让孩子感受到进步和努力，这种"破解未知"的奇妙感觉能让孩子充分享受探索的乐趣。

我们在生活中看得到、摸得到、感受得到的种种事物，如第一次吃螃蟹，第一次喝红酒，第一次吃西餐，第一次穿礼服，第一次做父母的经历，等等，都会让我们不断去感触新的东西，探索其功能和用处，这成了我们要用一生去完成的功课。

在这种探索中，我们的能力会逐渐提升，例如，提问的能力、总结的能力、分析的能力、判断的能力……每一种能力的产生和发展都跟探索息息相关。

当我们发现探索可以提升社会竞争力时，自然希望在孩子身上拓展这项能力。而孩子初次面对这个世界时，同样需要参照物进行模仿，寻求探索世界的方法，而我们正是孩子的参照物——你的行为是正确和有效的，孩子模仿的行为也会是正确而有效的。

这就是我们为什么要在亲子关系中了解并梳理自己行为的原因。

父母教育误区
缺乏判断，把各种教育方法"强套"在孩子身上

1. 接纳：孩子不是你的
附属品，他们都是独立
的个体

2. 底线：
孩子的成长不应该总
是越界

第二章　四个关键词，
智慧父母的必备教养法则

教育孩子的底层逻辑离不开四个关键词

3. 规则：
是家"和"与国"兴"
的构成要素

4. 探索：
改变世界与时代进步的
唯一渠道

接纳：不代表接受
- 接纳并不是妥协
- 妥协：对原本追求的权益让步　吃饭的故事
  - 你给孩子准备了一桌饭菜，孩子哭闹就是要吃汉堡
  - 家人一起劝说："给孩子买个汉堡不就好了吗？"
- 对孩子说吃完这顿饭，晚上再吃汉堡
- 妥协和接纳的区别
  - 选择妥协，孩子便是你的附属品
  - 选择接纳，你能更清楚地了解彼此对独立、目标、情绪和思考的需求，就算同意孩子的要求，你也可以保留自己的态度

- 什么是底线
  - 一个范围的最低边界——人际、道德、行为和心理等都有边界
- 孩子为什么会自私
  - 人类为了保证自我的安全感和价值感，会本能地出现自私的行为
- 孩子为什么会触及父母底线
  - 1. 父母过于无私，孩子不需要付出就可以得到自己想要的东西
  - 2. 孩子踩到成人底线的时候，家长没有"反抗"

- 家庭的重要性
  - 家庭是制定、培养所有行为规则的基础场所，规则越健全，孩子的内心越自治，安全感也越足
- 曾国藩家规
  - 1. 早起床
  - 2. 勤读书
  - 3. 做家务
- 等红灯的意义
  - 1. 养成良好的行为
  - 2. 用行为影响更多人
- 无规则和有规则的区别
  - 无规则的爱叫溺爱，有规则的爱叫幸福
  - 无规则的家叫客栈，有规则的家叫心安
  - 无规则的国叫乱世，有规则的国叫强大

- 什么可以改变世界　好奇心和探索
- 探索的意义
  - 是人类学习知识、发展能力的必要途径，对丰富精神生活、锻炼意志、培养科学素质等都有十分重要的作用
- 如何保护孩子的好奇心和探索欲
  - 参考"饮水机案例"
  - 通过探索提升孩子的提问能力、总结能力、分析能力、判断能力等

第三章

有迹可循的 "行为遗传"，让优势从无意到有意

19世纪80年代，英国人类学家F.高尔顿在研究了很多名人的家谱后发现，天资和能力在近亲之间有一定的相似性，这可能与遗传的特性有关。

当孟德尔的遗传学确立之后，科学家们便开始运用遗传学的原理和技术来研究行为的遗传。这个理论无疑也为教育者们打开了一个全新的思维视角。

2008年，机缘巧合之下，我开始研究孩子的行为。在研究的过程中，为了获得一手数据，我从中专教到初中，又从初中教到小学，直到最后又开了幼儿园。经过多年的数据分析，我从上万个个案中找到了一些规律，把家庭的行为和习惯作为主要的研究方向，深入探索家庭和父母的行为对孩子的影响。

当我找到行为导致行为的规律后，发现教育孩子更像有迹可循的"能量守恒定律"——在那些至今依然优秀的家庭里看到的教养模式和行为方式，能够为我们培养孩子指出直接的方向。

教育孩子的困惑，其实并没有想象中那么难。

父母的行为模式深刻影响着孩子的未来

如果父母习惯性地表扬孩子（无论孩子是否值得表扬），会导致孩子做什么都需要别人的赞赏或表扬，如果没有，他们就会伤心、失落，甚至自卑。

如果父母经常批评孩子，他们会以为自己没有任何优点，并且像父母一样批评自己的孩子，甚至其他人。

如果父母的情绪大都依靠争吵来发泄，那么孩子也会有暴力解决问题的倾向。

这就是行为遗传。不过，这更像"因为""所以"的因果关系——因为你做了什么行为，所以孩子出现了某种行为。不过父母也无需过于担心，人们的行为何止这几种。所以，我们还有很多好的行为能对孩子产生积极的教育作用。

北方的冬天很冷，谁都不愿意起床，尤其是下雪的日子。但我和我哥就比较另类，我们每天都起得非常早，拿着扫把跑前跑后地扫雪。别人问我们："你们兄弟俩从来不睡懒觉吗？"在我的记忆中，似乎我们整个家庭都没有睡懒觉的习惯。

　　爷爷年轻时为了给孩子多种点粮食，天刚亮就去拓荒种地。奶奶则在大清早研究哪些野菜可以吃，怎么做饭最省粮食还能让一家老小吃饱吃好。我爸爸则是名老兵，对睡懒觉更是嗤之以鼻。而我妈妈因为幼年丧母，一直都是自己照顾自己，她哪里敢睡懒觉？

　　在这样的家庭环境中长大，我和哥哥自然跟随着大人的节奏，而且把这一习惯坚持了几十年。

　　在家长们最头疼的"教子清单"上，一定有一项是"叫孩子起床"。常有家长问我："你家是怎么叫孩子起床的，难不难？"

　　我通常会说："我家没有叫起床这件事，因为所有人都会在固定的时间准时起床。"他们很好奇我是怎么做到的，其实只是我们家长先做到了而已。

　　如果父母的行为是个人行为，那么到了家庭教育中，个人行为就会变成参考数据。孩子在0~8岁会非常依赖成人，并且会根据成人的行为来判断是非。对于父母行为背后的目的，孩子虽然不一定能理解，但他们却可以单纯地模仿父母的行为。

这也就是父母的行为失常会直接影响孩子的行为的原因，比如用暴力解决问题、骂人、易怒、不孝顺老人等。而当父母对自己的行为要求较高时，会给孩子带来积极的促进作用，比如自律、细心、做事有条理、善于坚持和善良等。

每个人都有自己原生家庭里的行为模式，组建家庭后，伴侣之间截然不同的行为模式就需要不断地磨合。经过长时间的相处和沟通，最终会形成共同的、新的家庭行为模式。

每个家庭的行为都有优势，也有劣势。我们需要做的，就是梳理家庭成员的行为，找到真正适合自己的教育孩子的方法，并尊重每个孩子不同的成长轨迹和发展方向。

"私家订制"养育方式，真正做到个体教育、优势发展

随着时代的进步，我们的教育方式发生了巨大的变化。

以前，人们常说："好好学习，天天向上""学好数理化，走遍天下都不怕""棍棒底下出孝子"……现在，很多人都强调"爱与自由"。但是，什么才是最好的教育态度和方向呢？

孔子在《论语·雍也》中说："中人以上，可以语上也；中人以下，不可以语上也。"对孔子的这番话，后人张纪夫归纳出"因材施教"的道理。

今天，中国文化与世界文化不断融合，孩子们未来需要面对的不仅仅是国内的环境与形势，还要面对来自异域的文化冲击。而且，随着经济贸易的不断繁荣，中国在国际舞台上的影响力越来越大，我们的生活环境、教育方式都会随之发生巨大的改变。

由于孩子们存在着巨大的个体差异、家庭差异，如何求同存异，就成了教育孩子时最应该注意的问题。

这里的"同"是指为了保证基础水平，国家不断投入的九年义务教育、幼儿园公助民办标准化等，都是为了保证每个孩子可以享受平等的教育资源。"异"则在孩子成长过程中，发展出属于他自己的优势和能力，发挥他特有的智慧、才能和兴趣特点等。

不得不说，这个"异"的度仍然需要家长来把握。在成长的过程中，孩子的很多有效信息老师并不知道，只有父母才最清楚自家孩子的特点和优势。我们只需要学会正确地引导，便能把孩子的"异"发扬光大，这才是"因材施教"的基础。

　　我还记得小时候第一次看哥哥的美术书时的那种震撼。那是一个农村孩子第一次接触艺术的时刻，我照着书上的图，在门上、墙上、地上、挂历上画画……能画的地方全都画了。幸好我的父母没有阻拦我，我就这样自由自在地享受画画的乐趣——这就是我对美术最初的热爱。

　　那时候，一个农村孩子对艺术的热爱，对大部分家庭而言无异于一个异类。我很感恩那些嘲讽我的人中没有我的父母，他们总是耐心地把我画过的画收集起来，并标注上日期。也是在那时，我收到了我的第一份礼物——一盒十二色的蜡笔，它成了我开启绘画之路的又一大助力，更是我研究的"无范画式教学"的基础。

　　虽然我的父母没什么文化，不知道如何教育与引导孩子，但当我研究遗传家教时，却发现他们有着自己特有的智慧。

我不会画画，但总想画一些父母也不知道的东西；他们虽然不懂绘画，却会用自己能做到的一切来支持我。我想画鸟，父亲就带我上山看鸟；我想画鸡，母亲就带我蹲在鸡窝里看小鸡——站在教育的角度看，父母的智慧不仅仅来源于优异的教育背景和学历，更多的是爱。

对于"如何因材施教"这个现实问题，父母可以通过以下四步来帮助孩子：

第一步：通过对自我行为的复盘找到自己家庭的优势行为。

第二步：找到孩子展现出来的天赋、才能、兴趣特点。

第三步：支持和鼓励孩子的探索行为，并给予一定的监督。

第四步：抛弃功利心，耐心等待孩子成长。

第一步非常重要，就好像谈判，需要清楚自己有哪些优势，有哪些缺点。这样，在引导孩子的时候，我们才知道该打什么牌，从而赢得引导孩子的主动权。同时，也才不会因为不知道而错过教育孩子的最佳时机。

第二步是参与，因为只有有效参与孩子的成长，我们才有可能真的去观察孩子，才能获得想要的讯息。很多时候，当有家长进行个案咨询，我使用遗传家教激发卡牌帮助他们梳理孩子的特点时，他们才会恍然大悟：孩子的优势竟然被自己错过了，孩子并不是毫无优点，而是自己尚未具备发现孩子优势的眼光。

第三步是互动，因为你的支持和鼓励会让孩子更敢于尝试，你的监督其实是为了让孩子学会坚持。如果这一步你只有监督，那么孩子成长的乐趣就会慢慢丧失，他也会放弃坚持下去的念头。

第四步是栽培，这一过程就像等待种下的花绽放的过程，等待种下的树结果的感觉。等待，就是最好的信任。相信他可以做到，是父母送给孩子最好的礼物。

总之，我们今天对孩子实施素质教育，其实是国家对于青年的支持和种下的希望。"少年强则国强"绝不只是一句简单的口号，而是实实在在的教养。而父母需要做的就是汲取因材施教的思想，从孩子的实际出发，注重他们的个性特点，从而朝着共同进步、共同发展的方向努力，以达到让孩子更加出类拔萃的目的。

行为与习惯，可不仅仅是个人的行为与习惯

行为和习惯的概念在遗传家教中并没那么简单。之所

以做量级的区分，是因为这样做更容易把家长担心的问题进行分类，以便更好地去处理。

下面，我详细为大家解释一下遗传家教中的行为和习惯问题。

当孩子打算做某件事时，我们总认为孩子沾染了坏毛病，无论这个"坏毛病"出现的概率有多低，我们都会跟老师说："老师，我家孩子养成了一个坏习惯。"因为家长们认为，坏行为一旦出现，就会十分危险，所以家长容易以"习惯"来称呼它。但对于专业的教育工作者来说，偶尔出现的行为，我们称之为行为，而经常出现的，才是习惯。

有时候孩子是故意做某件事的，而在另一些时候，孩子虽然做了这件事情，但他却没有意识到，所以无论是行为还是习惯，我们都把它做了有意和无意的划分，也就有了有意行为、有意习惯、无意行为和无意习惯的区别（见图3-1）。

有意

行为   习惯

无意

图 3-1　有意和无意的行为、习惯划分

比如，孩子跟朋友借了一个足球，放学回家把它放到了桌子底下。在写作业的时候，他总是时不时地踢一下球，这是行为还是习惯呢？这当然是行为，他是有意识地去踢球的，所以这是一个有意行为。

如果桌子底下没有足球，孩子也踢来踢去的，例如写作业的时候手在上边动，脚在下边动，那这又是什么呢？这是一个无意行为。行为和习惯最大的区别就是行为偶尔出现，而习惯则会经常出现，如果不做这个动作，他就会浑身难受。

分辨行为和习惯的最有效办法就是看它出现的频率高低：偶尔出现，没有规律可言，就是行为；出现频率高，而且都是在固定的时间和事件上，那这就是习惯。至于是有意还是无意，我们看孩子的状态就知道了。

如果是有意的，你会发现孩子的状态会从a状态切换到b状态；如果是无意的，你会发现孩子做的这个动作根本不会影响当下他做的事情，状态不变，这就是无意行为。

我们可以通过几个简单的例子加深一下理解。（见图3-2）

图3-2　有意与无意行为、习惯举例

如果我们以时间为划分依据，它们的排列顺序应该是：有意行为、无意行为、有意习惯、无意习惯。为什么要做这些划分呢？因为在教育孩子的时候，一定要注意时间——无论是好的还是坏的，时间永远是问题最大的敌人。

如果孩子本身就很优秀，那么随着时间的推移，他会越来越优秀；如果孩子养成了坏毛病或者进入了误区，那么随着时间的推移，家庭中积累的问题就会越严重。所以，在解决家长困惑的时候，我会把家长所有的困惑进行分类，然后按照上边的排序进行系统地归纳、总结，以提供有效的方案。

你可能会对此感到困惑：为什么要按照上边的顺序解决？其实很简单，上面的排序是按照时间和频率做的区分，出现的概率最低，花时间最少，解决起来也更轻松，家长见到了效果，就会有信心坚持下去。孩子发现自己有进步后，也更乐于接受改变。

其实，关于养育的所有方法，更需要解决的不是孩子的问题，而是家长的问题——家长只有了解了孩子问题背后的原因，才有可能真正解决问题——方法用对了，就能快速解决问题。了解了孩子的本欲，就可以解决孩子的教育问题，让孩子更加优秀。

行为背后有动机，动机背后是本欲

当孩子做了一些我们难以理解的事情时，一般家长都会纠结他为什么这么做，而稍微了解家庭教育理论的家长会研究孩子这么做的动机。但是，在我看来，这两种做法都是治标不治本，因为这么做都是"事后诸葛亮"。在研究了11年的家庭教育后，我找到了一个更适合家庭教育的名词——"本欲"。

按字面理解，本欲，就是固有的欲望。因为孩子有了某种欲望，会把其中最重要的放到第一位，而这个欲望就形成了动机，有了动机才会开展行动。如果这个本欲是积极的，那么孩子的行为就会是积极的；如果这个本欲是消极的，就会出现我们所苦恼的种种问题——孩子为什么会这么做？

之所以要研究本欲，并不仅仅是为了帮你梳理孩子的教育问题，更多的是让我们学会分析孩子的深层心理。如此，当孩子做了我们难以理解的行为时，我们才能有办法找到孩子的心理动机，挖掘孩子的深层次需求，并合理地看待其行为。唯有如此，我们才能更理智地解决困扰孩子的种种问题。

孩子一定会犯错误，并且会承认自己的错误。然而，在接下来的日子，他们还会再犯类似的错误。我们要做的不仅仅是明白问题产生的根源，还要学会处理这些让我们

"抓狂"的问题。

　　以下，是一个将行为、习惯、无意识和本欲结合在一起的案例：

　　早上，忙碌的妈妈为嘟嘟准备了一杯牛奶。随后她从冰箱里拿出果酱。一转头，发现满桌子洒的都是牛奶。嘟嘟妈妈的火气瞬间就爆发了，冲着嘟嘟嚷道："你怎么这么笨？喝个牛奶都不会，我身体这么不舒服，你还给我找活干，你嫌我不够累呀！你要是不想吃就别吃。"看着儿子低下头委屈地含着泪，她的火气更大了。

　　看到这里，可能很多人都觉得嘟嘟妈妈过于武断，甚至有点暴力，会伤害到孩子的自尊。如果这件事发生在你

身上，很多人可能会告诉你，应该这样跟孩子说："宝贝儿，没事。我知道你不是故意的，下次一定要注意。你把桌子擦干净好吗？"

看到这个回答的时候，很多家长都会告诉我，这样做的妈妈简直太棒了，我却笑而不答。因为我并不认可这个答案。

其实，这两种不同的教育态度的区别在于定位——第一种妈妈把自己作为了主体，第二种妈妈把孩子作为了主体。

第一种做法看上去很像最直接的教育，但其实也就只能算作自己泄愤而已。第二种看上去很"开放包容"，其实那只是成年人的想当然，并没有抓住教育的重点。

我们来重新看待嘟嘟洒牛奶这件事，尝试为嘟嘟的行为找一些理由：

（1）不小心碰洒的。

（2）因为好奇去端奶瓶。

（3）不喜欢喝牛奶。

（4）太烫了，没拿住。

（5）模仿妈妈的行为。

（6）想获得妈妈的关注。

（7）心情不好，推倒牛奶瓶发泄。

这时候我们会发现，很多理由和我们教育孩子时看到的理由可能是相背离的。

在同一种结果的背后，孩子们有着不同的想法，这些想法中有一些是有意行为，有一些是无意行为，有些是有意习惯，有些是无意习惯。本欲不同也可以造成同样的结果。

单纯地用某一种教育方法来教育孩子，很明显，那并不明智，我们需要挖掘孩子的深层诉求。

归纳一下我们为孩子找到的理由，做一下分类：

有意行为：不喜欢喝牛奶；模仿妈妈的行为；获得关注。

无意行为：不小心碰撞弄洒的；太烫了，没拿住。

有意习惯：心情不好，有意发泄。

无意习惯：因为好奇去拿。

面对孩子不同原因造成的统一结果，我们可以记住一个公式：有意行为和有意习惯对应有意教育，无意行为和无意习惯对应无意教育。

当孩子的行为属于有意的时候，说明孩子清楚地知道自己做这件事情时的目的。在这个过程中，就算他犯了错，也清楚地记得自己为什么做这件事。对此，我们可以进行相应的教育指导，满足他的需求，然后进行相应教育。

但如果孩子的行为实属无意，那么我们就需要以言传身教的方式告诉孩子遇到类似的事情时应该如何做——即用我们的经验帮助孩子去规范自己的行为。

其实，了解了孩子的"本欲"——也就是孩子的核心目的后，我们才更容易知道该如何"应对"孩子。

嘟嘟妈妈告诉我这个故事的时候充满了悔恨，因为后来她才知道，孩子知道自己生病了，他只是想为妈妈倒一杯牛奶，因为孩子记得妈妈说过"多喝牛奶就不会生病"。妈妈无意中的一句话，孩子却深深地记在了脑子里，但妈妈当时的行为却深深地伤害了孩子。

对于孩子来说，每一天都是新鲜的、新奇的、值得尝试的。在尝试的过程中，难免会有很多的小"错误"，很多成年人轻易就会分辨出这些"错误"。所以，为了孩子少走弯路，父母往往会进行刻意的提示。

然而，成年人这些对错误的强调却可能造成灾难性的后果，很容易毁掉一个孩子体验生活、享受"试错"的过程。孩子何尝不想做到最好，只是孩子的阅历和能力还不够，我们应该给他们充分尝试"错误"的机会。

成年人指出的这些错误，会让孩子有很大的心理负担，让他们害怕失败。随着这种压力的增大，孩子往往会出现更多的错误。在成年人无微不至的"指导"中，他们会越来越气馁，而成年人过度地关注错误，则让孩子更加害怕犯错。

对于父母来说，孩子成长路上的小问题其实是普遍的、可容忍的，而找到适合自己的教育方法，才是最有效的方法。

第三章
有迹可循的"行为遗传"，让优势从无意到有意

优势有迹可循
- 高尔顿研究名人家谱后发现，天资和能力在近亲之间有一定的相似性，可能与遗传有关
- 孟德尔的遗传学确立后，科学家们开始运用遗传学的原理和技术来研究行为的遗传

家庭的教养模式和行为方式影响孩子的未来

"私家订制"养育方式，真正做到个体教育、优势发展

如何进行"因材施教"
- 1. 通过对自我行为的复盘找到自己家庭的优势行为
- 2. 找到孩子展现出来的天赋、才能、兴趣特点
- 3. 支持和鼓励孩子的探索行为，并给予一定的监督
- 4. 抛弃功利心，耐心等待孩子长大

行为与习惯，不仅仅是个人的行为与习惯
- 偶尔出现的动作，我们称为行为
- 经常出现的行为，才是习惯
- 行为背后有动机，动机背后是本欲
- 喝牛奶案例

1. 父母习惯性地表扬孩子，会导致孩子为获得别人的赞赏而做事

2. 父母经常批评孩子，会导致孩子自卑，以后批评自己的孩子或他人

3. 父母用情绪争吵发泄，孩子也会用暴力解决问题

4. 孩子依赖成人，会单纯地模仿父母的行为

孩子们存在着个体差异，教育孩子要学会"求同存异"

同　　指国家不断投入的九年义务教育、幼儿园公助民办标准化等，保证每个孩子享受平等的教育资源

异　　在孩子成长过程中，发展出属于自己的优势和能力，发挥他特有的智慧、才能和兴趣特点等

有意行为

无意行为

有意习惯

无意习惯

本欲，就是固有的欲望

欲望就形成了动机，有了动机才会开展行动

1. 帮助孩子找借口并分为有意行为、无意行为、有意习惯、无意习惯

2. 有意行为和有意习惯对应有意教育　　当孩子出现有意行为，说明孩子清楚地知道自己做这件事情的目的

3. 无意行为和无意习惯对应无意教育　　当孩子的行为实属无意，我们需要言传身教告诉孩子遇到类似的事情时该如何做

重点：应该给孩子充分尝试"错误"的机会

第四章

关注成长关键期，孩子行为早知道

　　家长在教育孩子的时候最担心的事情之一，就是怕错过教育孩子的最佳时机，即所谓的"不要让孩子输在起跑线上"。但是，很多人在意识到这个问题的时候，往往已经错过了孩子的最佳教育时机。

　　确实，在孩子正常成长的时候，我们根本不会想到下一阶段孩子会出现什么问题，所以就疏于规划和管理。往往是直到出现问题了，我们才发现事情的严重性，开始大量地寻找解决方法进行补救。

　　比如，孩子两岁左右时，你不会担心孩子骂人的问题，更不会知道这时应大力培养孩子的语言能力。直到孩子的语言敏感期到来，忽然爆发的语言能力让父母措手不及。

其实，教育孩子的核心方法并不复杂——提前预判他要走向哪条路，悄悄地把路上的标识立好，在不强迫孩子的情况下，让孩子自主地沿着最适合的路线成长。这里必须要提示一下，我们帮孩子做的并不是直接参与，而是暗示和引导，决定权一定要交到孩子手里。

那么，应该通过什么样的特点判断孩子属于哪个阶段呢？

下面，我给大家梳理一下（见表4-1）：

表4-1　孩子各年龄段的特点及教育方式

阶段	生理特点	思维特点	行为特点	教育方式	遗传家教行为传递
幼儿期 3~6岁	脑发育渐趋成熟	依赖别人	模仿性极强，对外界充满好奇	游戏、活动、观察、对话	父母做出遵守社会规则的行为，如孝顺、关爱、善良等品质的行为
少年期 6~8岁	基本成熟	依赖成人判断是非	模仿性、可塑性很强，自控能力极差	课堂、活动、生活体验、拓展训练	父母要用开放、愿意尝试的行为进行引导，进行自我管理和约束
青少年期 9~12岁	生理发展加速，逐渐向成年人过渡，独立、自我意识明显增强	拥有较强的学习能力，并且有了主观意识	可塑性较强、有主见、有个性、世界观萌芽期、自控力较差	尊重、沟通、体验、反思、纠正、引导的重复训练	父母要做出愿意分享和重复做一件事的行为

阶段	生理特点	思维特点	行为特点	教育方式	遗传家教行为传递
青春期 13~17岁	生理较成熟，心理不成熟，有萌发性需求与独立的需要，心理不平衡且十分脆弱	理性思维加速发展，对于未知和抽象有自己的判断，希望可以自己管理自己	矛盾凸显、动荡不安、自尊心极强、独立意识极强、冲动、偏激反叛、敏感	充分做到民主、尊重、信任，通过暗示传递信息，巧妙的见缝插针的亲子沟通方式	父母要做出请求孩子帮助你的行为，并且信任他们；做出代表开放、包容态度的行为

孩子的成长有其独特的规律，需要成年人提前做好准备，随时观察孩子身上的特点。如此，你才能有准备地打好"教育孩子的这场硬仗"。不管这场"战争"的过程如何，一定要下决心做到共赢——如此才能让我们和孩子共同成长，才能真正地"参与彼此的生命"。

第四章 关注成长关键期，孩子行为早知道

青少年期 9-12 岁

生理特点：生理发展加速，逐渐向成年人过渡，独立、自我意识明显增强

思维特点：拥有较强的学习能力，并且有了主观意识

行为特点：可塑性较强，有主见，有个性，世界观萌芽，自控力较差

教育方式：尊重，沟通，体验，反思，纠正，引导的重复训练

遗传家教行为传递：父母要做出愿意分享和重复做一件事情的行为

青春期 13-17 岁

生理特点：生理较成熟，心理不成熟，有萌芽性需求与独立的需要，心理不平衡十分脆弱

思维特点：理性思维加速发展，对于未知和抽象有自己的判断，希望可以自己管理自己

行为特点：矛盾凸显，动荡不安，自尊心极强，独立意识极强，冲动，偏激反叛，敏感

教育方式：民主，尊重，信任，通过暗示传递信息，巧妙的见缝插针的亲子沟通方式

遗传家教行为传递：父母要做出请求孩子帮助你的行为，并且信任他们；做出代表开放、包容态度的行为

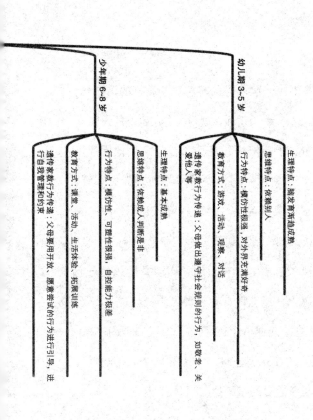

幼儿期 3~5岁
- 生理特点：脑发育渐趋成熟
- 思维特点：依赖性极强，对外界充满好奇
- 行为特点：模仿性极强
- 教育家教行为传递：游戏，活动，观察，对话
- 遗传家教行为传递：父母做出遵守社会规则的行为，如敬老、关爱他人等

少年期 6~8岁
- 生理特点：基本成熟
- 思维特点：依赖成人判断是非
- 行为特点：模仿性，可塑性很强，自控能力极差
- 教育方式：课堂、活动、生活体验、拓展训练
- 遗传家教行为传递：父母要用开放、愿意尝试的行为进行引导，进行自我管理和约束

第五章

虎爸牛妈？来测测你的"养育行为"气质

　　叶圣陶先生曾不止一次地强调习惯对于教育的重要性。他说："什么是教育？简单一句话，就是要养成良好的习惯。"

　　善于独立思考，承担家庭和社会责任，勇敢地挑战压力、探索未知，科学利用时间，妥善地处理人际关系等，都是我们需要养成的良好习惯。但这些习惯并不是孩子先天就会的，需要成人的引导、纠正、影响和助推。

　　孩子在每个成长阶段都会有新问题出现，虽然父母们都知道自己责任重大，但也常常会感到力不从心——如今，养育孩子已不再是过去那种"饿了吃、渴了喝、困了睡、不听话就揍一顿"的模式了，科学、理性、个性化的养育方式，已经成了越来越多的家长的共识。

　　因为家庭习惯的不同，不同父母之间的养育习惯也会有很大的差异。因此，不同的父母会有不同的养育困惑。毕竟，每个孩子都有自己家庭的养育行为特质，所以孩子们的表现也有了明显的差别。

而遗传家教的养育行为特质，恰恰是根据性格的差异、学习总结的经验、遗传家教获得的行为与习惯三方面综合在一起得出的。

一位老教师曾对我说过："积行成习，积习成性，积性成命。"意思是行为决定习惯，习惯决定性格，性格决定命运。一个好的习惯，就是要从一些小的行为开始，有意去重复这个行为，最终把有意行为变成无意行为，把无意行为变成有意习惯和无意习惯——通过不断积累的过程，把小行为变成小习惯。好的习惯越多，成才和成功的概率才会越高。

不同特质的父母，在养育孩子的过程中会有很大的差异。而相同特质的父母，在养育的过程中会出现很多类似的行为、习惯和教育手段。

通过对性格的差异以及行为和习惯的总结、统计、分析、调研，我们将父母养育孩子的特质分为四大行为特质："豹爸豹妈"的行动派；"虎爸虎妈"的结果派；"牛爸牛妈"的思考派；"猫爸猫妈"的支持派。

其实，在养育孩子的过程中，这四种特质在父母的身上都会有所体现，比如，当孩子不小心跑到了马路上时，我相信任何特质的父母都会是行动派，用最快的速度把孩子拉回来。

但在整体的养育过程中，父母一般会更明显地呈现出某一种特质。分类的目的是为了让我们更清楚地知道自己需要拓展什么能力，还有哪些方法做得不够，等等。

找到个人提升的关键，才是我对父母特质进行分类的最终目的。

找到自己的养育行为气质

无论你是新手父母，还是为人父母已久，我们都要清楚地知道自己的育儿特质。这样，在孩子还小的时候，我们就可以用正确的方法引导他们；当孩子步入青春期时，我们也可以给予他们有益的指导。

请大家对照本章表格的养育行为特质，找到最符合自己的类别：

＊＊备注：为了方便父母拓展优势，弥补劣势，根据养育行为特质，我研究出了一套"88特质卡牌"。通过卡牌，你可以更快速地找到与自己相近的特质。

曾有一位"虎妈"看完表后对我说："老师，我总爱批评孩子，他做什么我都觉得不够好。请你告诉我，我怎样才能像'猫妈'那样极具耐心，而且从不发火？"

这位妈妈的疑问，其实也是很多父母的疑问。我想说：在开始调整教育方法之前，我们要先将自己的优势和劣势划分清晰。只有这样，我们才有机会把自己打造成最适合孩子的父母。

我对家长的养育行为做区分，并不只是为了让父母知道自己有什么问题，还要协助父母拓展优势，控制劣势，让他们用适合孩子的方法培养出全面发展的孩子。

要想改变养育行为中的劣势，父母还有几个前提需要了解。

1.与其培养不擅长的行为，不如强化自己的优势养育

其实，所有的养育方式都有其优势和劣势。很多人只盯着自己的优势，而不停地抱怨爱人的劣势，也有夫妻互相指责对方的劣势影响了孩子。我希望父母通过养育行为特质的分析，能更清楚地知道如何调整自己的养育方法。因为在养育过程中，用自己的方法会更轻松，也更容易坚持——与其培养一个你不擅长的行为，不如直接在养育行

为特质里找到你本来就有，但还没有被发掘的优势。

把优秀行为传递给孩子，无疑能增加孩子的优势。优势拓展得越大，我们就越有信心继续向外拓展。随着时间的推移，你会发现自己传递给孩子的正能量越来越多，能得心应手地使用的教育手段也会越来越多。

养育行为中的劣势，需要我们预留出更多的时间去解决。不擅长表达不代表我们可以不学习，更不代表我们学不会，只不过需要更多更系统的方法和时间而已。当我们逐渐控制住劣势并努力修正后，你会发现这一劣势不会再出现在孩子的行为中，这才是真正从根本上解决了孩子的问题。

我对一个妈妈说过："我家里有几千本书，到处都是书，连厕所里都有几本。所以，在我家，培养孩子读书的习惯就会很轻松，在沙发上无聊了就可以随手翻本书，在厕所无聊了也一样……只要他愿意，可以随时找到自己想看的书。如果你自己不看书，就算你给孩子买再多的书，他也未必会看。你要做的不仅仅是给孩子买书，还要引导孩子养成看书的习惯。你自己养这个习惯都难，更何况孩子呢？"

孩子身上表现出的劣势，往往是父母身上的劣势共同导致的。我们要改变孩子，就绝对不能单纯地要求孩子，而是要和孩子一起进步。

找到自己养育行为的优势和劣势后，就不要再为自己找借口，觉得这个养育行为特质很多人都有，以此推卸责任。相反，我们要积极而正向地面对自己的劣势，修正它，给孩子做榜样，不让养育劣势成为教育孩子的障碍。

2.不用固化形象定义孩子

很多父母会在潜意识中固化孩子的形象。比如，孩子偷拿了同学的东西，被老师发现后通知了你。接下来一段时间，如果家里的零花钱变少了，你就第一时间去质问孩子："是不是你偷了妈妈的钱？"

你有没有发现，你用了"偷"而不是"拿"——这其实就是固化印象的延伸。

固化了对某个事物的印象之后，我们就会觉得自己就应该这样，视优势和劣势为理所当然，这才是最可怕的事情。无论是对孩子还是对我们自己，只有去掉内心的固化印象，我们才更容易更新，吸收和学习新的技能和方法，而不是一成不变甚至自暴自弃。

3.适合自己的方法才不艰辛

对大部分人来说，拓展优势一点儿也不辛苦，但修正劣势绝对是件痛苦的事情。拓展优势的时候，丁点儿的进步便会让我们雀跃；而修正劣势时，就算改进了很多，也很可能看不到明显的效果，时间拖得越久，我们就越会觉得艰辛。

只有适合自己的方法，才会让养育孩子变得轻松有趣，让父母越做越有动力，不会因为一件小事就发脾气，真正成为不吼骂孩子的父母。

在遗传家教的父母进阶成长计划中，四种行为特质的父母都有各自的15个王牌利器和15个养育技巧。下面，我会分别具体讲解三个极具代表性的技巧，并用三个拓展养育技能来详细地讲解如何控制养育劣势。与此同时，为不同养育行为特质的父母提供相应的建议和操作流程，逐步提升父母养育的综合能力。

希望父母们可以以此为参照，在以后的生活中格外关注自己的行为，每天进步一点儿，直到找到属于自己的养育方法。

陪着父母共同成长，让其了解自己家庭的特殊性，了解夫妻双方的优势和劣势，分工协作，拓展优势，互相鼓励，改变和修正劣势，让父母享受养育的过程，同时让孩子成才——这就是遗传家教的终极目标。

"豹爸豹妈"的行动派（见表5-1）

表5-1 "豹爸豹妈"的行动派

特质	显性行为与习惯	养育优势	养育劣势	遗传建议
"豹爸豹妈"的行动派	·热情开朗 ·擅长交谈 ·多变有趣 ·表现力强 ·思想活跃	·家庭环境有趣、轻松，易于孩子成长 ·能真诚地表达情感，让孩子感受到爱 ·擅长表达，多沟通，能及时发现问题 ·擅用肢体语言，孩子的幸福指数比较高 ·擅长表扬、认可孩子，让孩子更自信	·情绪波动较大，会让孩子痛苦不堪 ·随意变化，让孩子不能建立规则 ·虚荣心强，容易让孩子更关注外在 ·缺乏自控，教育活动很容易半途而废 ·疏于兑现承诺，导致孩子对父母的信任度降低	规划 复盘 控制

王牌利器——激发未来生活的期望、随处可见的赞美、与社会同步的好奇心

激发未来生活的期望

激发对未来生活的期望，对"豹爸豹妈"来说，简直就是生活的常态，因为行动派每天都对未来充满了想象。

他们很容易通过一些小事联想到可能实现价值的方法，并让自己对未来充满希望。比如吃着好吃的瓜子，他们可能就会想，这个做成产业链一定能赚钱，然后做全国加盟。

行动派在教育孩子的时候，可以充分地挖掘孩子对未来美好生活的向往。他们极其擅长描绘未知的世界，通过大量的细节描述，让孩子对未来充满憧憬。这也是行动派在养育孩子的过程中最大的王牌利器。

我们为什么要让孩子对未来充满希望？因为有希望的人从不会绝望，而只有不绝望的人，才会觉得生活的跌宕起伏是正常的，从而更轻松地面对压力。当行动派不断激发孩子对未来的向往时，孩子的抗压能力会越来越强。

比如孩子因为某次考试成绩不好而沮丧时，行动派就会对孩子说："宝贝，不要担心，妈妈小的时候成绩也不好，不过在我不断努力的过程中，不仅成绩越来越好，而且获得了老师的认可和同学的喜爱，后来妈妈的工作比当年成绩比我好的同学还要好！所以不要被眼前的成绩所困扰。你要相信，继续努力，不久的将来，你的成绩一定会更好！"即使是未知的未来，行动派也可以把它描述得跟真实发生的事情一样。

对生活充满希望、有了目标，孩子怎么可能不为了向往的生活而努力呢？行动派父母给孩子带来的动力，就是让孩子觉得未来可期。

随处可见的赞美

有的父母觉得天天找孩子的优点太难了，但对行动派来说，这可不是什么问题，因为行动派的第二大利器便是随处可见的赞美。

行动派可以轻易地找到孩子身上的闪光点，并且通过放大它来表扬和赞美孩子。在成长过程中，孩子是通过表扬来不断地确定自己的正确行为的。父母的表扬越真实、越及时，孩子越会及早判断自己的行为、习惯是否正确。所以对于行动派的父母来说，赞美就是他们教育孩子的最得力手段之一。

不用担心我们对孩子的赞美是否过多，对于孩子来说，没有赞美反而会产生惰性，甚至催生负面结果。我一直鼓励行动派的父母，要实事求是地赞美孩子。

例如孩子吃饭时，你说："哎呀，你真棒！怎么吃了这么多？"这句话特别像行动派父母常说的话。如何实事求是地说这句话呢？你可以这样对孩子说："宝贝，你把饭吃得特别干净，碗里一点儿剩饭都没有，简直太棒了！"

虽然赞美对行动派的父母来说是一件简单的事，但只有实事求是的赞美才会对孩子的成长有帮助。所以在赞美孩子的时候，父母一定要实事求是。赞美孩子的行为和习惯，而不是单纯赞美孩子完成的结果。

即使是赞美结果，也要将它和孩子的积极行为产生联系。比如孩子很努力、很认真、肯坚持……只要细心，你就能发现孩子的很多优点。在生活中，我们可以随时随地地赞美孩子，适当地调整方式，开始学习赞美孩子的行为和习惯。

与社会同步的好奇心

如果有人问我是什么改变了世界？我一定会说是"好奇心"。好奇会促使人行动，而行动会产生结果。当人们好奇为什么鸟可以飞，而人却不可以时，对此心怀好奇的人就会开始研究。飞机就是这样被发明出来的。所以，好奇心是社会不断进步的必要因素。

一个人如何让自己变得更好？好奇心必不可少。对行动派父母来说，他们对世界的好奇几乎时时体现在生活中。对他们来说，好奇心就像吃饭、喝水和呼吸一样简单。行动派会对自己没有见过的东西感到好奇，会对自己感兴趣的东西感到好奇，会对不会使用的东西感到好奇。

每一次好奇，都会促使行动派去尝试，所以行动派父母很喜欢带着孩子去体验社会和生活。他们带出的孩子热情、积极，擅长参与活动并且抱以热情，愿意分享自己探索到的经验。

行动派的好奇心绵延不绝，不会随着时光流转而枯竭。

好奇可以使人进步，可以改变这个世界。让孩子保留好奇心，是行动派最擅长的教育手段之一。

拓展养育技能——控制多变的情绪、厘清责任与担当、杜绝轻许诺言

控制多变的情绪

行动派父母除了要发挥自己的优势，也要学会拓展养育技能，控制自己的养育劣势。

多变的情绪可以说是最让行动派父母头疼的一件事，改变对他们来说特别艰辛。因为行动派的行动力和反应能力都特别快，所以一旦发生突发事件，他们的第一反应就是情绪化。行动派会快速地用情绪表达自己的不满或开心，也就是通常所说的"喜形于色"。

行动派的情绪多变，很容易让孩子根据父母的情绪来判断事情正确与否。当父母和颜悦色时，孩子更愿意去尝试。一旦孩子发现父母的表情十分严肃，他们就会告诉自己，还是放弃这个念头吧！

行动派的情绪多变，会对孩子产生很大影响，其中三个影响是我们不能忽视的：

第一个影响：行动派父母多变的情绪，导致孩子养成了观察别人情绪的习惯，孩子会根据别人的情绪来决定自己是行动还是放弃；

第二个影响：面对外界的压力，孩子会参考行动派父母解决问题的方式，养成用情绪来解决问题的习惯；

第三个影响：情绪多变这种行为传递给孩子后，孩子会认为这是正常的行为，而不能察觉情绪多变带给周围人的压力。这将会直接影响孩子的人际关系。

为了更好地教育孩子，行动派父母第一个要做的，就是学会控制自己多变的情绪。我分享给大家两个小方法：

第一个方法：发现自己有情绪变化时，行动派要记住自己想说的话，然后在脑子里数数：1、2、3，三秒钟后再说出刚才要表达的话。这个方法可以帮助行动派在被情绪控制时，尽量不说错话，减少不必要的伤害。

第二个方法：当行动派发现自己已经被情绪所控制时，可以先跟大家打个招呼，然后去洗手间或者其他封闭的地方，给自己3~5分钟的缓冲时间。平静下来后，再跟大家继续刚刚暂停讨论的事情。这样，我们就可以很好地控制多变的情绪，至少可以把情绪掌控在自己手中，而不是任意妄为。

厘清责任与担当

说到好人缘，这几乎是行动派所必备的。行动派就像一个太阳，深深地吸引着周围的人，让别人喜欢上他。但在集体中，一旦出现问题，行动派的反应也许就没那么受欢迎了。很多时候，行动派做事的责任划分不清晰，出现问题需要承担责任的时候就会变得令人头疼。因此，很多行动派父母在养育孩子的过程中，会因为高兴或忽然接到坏消息而忽略责任和担当。

孩子犯了错误，我们需要让孩子知道他的责任是什么，他要承担什么样的结果。但行动派的父母通常只会在口头上要求孩子，一旦出现不好的结果，需要追究责任时，他们就很难在追责上坚持到底，容易中途放弃。行动派父母认为自己已经跟孩子说了，已经追责了，觉得自己的任务已完成，殊不知，如此重复多次以后，孩子就会自动忽略父母说的话。

孩子犯了严重错误时，行动派父母的情绪也会极其激烈。这时最常出现的话就是："你就不能长点脑子吗？这件事说了多少遍了？你自己看着办吧！"你自己看着办吧——这句话就是行动派心里认为的责任承担。

孩子的记忆力都是比较短暂的，而且面对错误的事情，会习惯性地遗忘。所以行动派父母在教育孩子时，可以尝试在门上挂一个本子，把孩子需要做的事责任化，在失败的时候，将孩子要承担的结果也写在里边。事前就跟孩子说清楚："好记性不如烂笔头，所以我们可以把这些重要的事情写在本子里。我们要按照本子上的责任和要求来执行，自己承担自己的责任。"

不过行动派父母一定要注意一个细节，就是所有的规则都不要只针对孩子一个人，大人也要参与进来，否则孩子会觉得不公平。

行动派父母可以在孩子准备做事情之前就告诉他：成功了会怎样，失败了又会怎样。即使不成功，也不要急于批判孩子，而是先问他："我们已经制订好了计划，你想怎么承担责任？想怎么解决这个问题？"把责任和需要承担的结果放在事前完成，父母就可以更好地起到监督的作用。

把清晰的责任和担当贴在门上，方便提醒我们和孩子，随时注意自己需要承担的责任，让孩子尝试自己管理自己，而不是靠父母督促和监督。

杜绝轻许诺言

我们的周围，似乎总有那么一两个人会轻易承诺一些事情，但转身就忘记了自己的承诺，根本不去做。时间久了，我们不再愿意相信这些人说的话，甚至不会与他们继续合作。我们会时时提防他们，因为他们不信守诺言。

在我的线下课程中，很多孩子对行动派父母抱怨最多的，就是父母答应了一些事情却没有做到，他们甚至不记得自己说过这些话。孩子最初一般都非常信任自己的父母。但如果父母屡次食言，孩子就会认为爸妈根本不爱他们，甚至会觉得父母说的话只是敷衍，他们根本做不到，因此不再相信父母。要解决这个问题，行动派父母除了多用心以外，也需要使用一些有效的手段。

我不建议父母们轻许诺言。如果想对孩子做出承诺，行动派父母可以在手机或记事本上写下自己做出的承诺，至少你要记得曾经答应了孩子什么事情。

无论是我们对孩子提出要求，还是孩子对我们提出要求，彼此又做过什么承诺，它们都属于人与人之间的交换，或者说交易。父母必须要先做到，才有权利要求孩子。如果做不到，或者需要时间，就不要轻许诺言。

　　兑现承诺会让孩子认为父母是能说到做到的人，你会成为他心中的偶像，他也会更信任你，并以你为行为处事时最好的参考对象。所以，想让孩子拥有更多好习惯，行动派父母就从行为改变和自我修正开始吧。

　　"养育遗传"建议——规划、复盘、控制

　　为了帮助行动派父母更好地提升自己的能力，"养育遗传"提供三个建议：

　　第一个：规划；

　　第二个：复盘；

　　第三个：控制。

　　规划

　　是指做计划。行动派的做事风格是想到哪里就做到哪里，只要自己觉得正确，就会马上去做。他们的行动力非常快，所以他们欠缺规划的能力。事情做完，成功了就会非常高兴；但如果失败了，他们就会很懊恼，但懊恼持续的时间并不会很久，他们便会自我安慰："失败是成功之母"，这件事就这样过去了。所以，我们建议行动派父母在养育孩子时，在做事之前，先在本子上写出做事的流程，这有助于提高规划能力。

复盘

无论事情成功还是失败，晚上一定要做一下复盘。所谓复盘，就是回顾一下今天做的事情，有没有值得改进的地方：今天哪里做得特别好，哪里做得还不够。如果给自己一个重来的机会，哪里需要留意。总结可以让我们快速进步，有更多机会提升经验，也更容易获得成功。

控制

行动派的手快、嘴快、身体快、脑子快、参与快、反应快，所以行动派的成功会很快，同样，失败也会很快。在这里，给行动派的第三个建议就是控制。学会控制欲望和行动力，这样一来，虽然整个过程看上去慢一点儿，但他们却有了更多的思考时间，这个时间足够让他们规避很多失败的因素。

只有学会控制，行动派才有机会进步，让自己变得更好。因为行动派最缺的不是时间先机，而是抢占先机后还能把握住先机。控制自己，让自己慢一点儿，多点思考时间，对行动派来说极其重要。

总之，事前思考，事后反思，做事情时先规划，让脑子先行，行动后发，进步就一定会更快。

"虎爸虎妈"的结果派（见表5-2）

表5-2 "虎爸虎妈"的结果派

特质	显性行为与习惯	养育优势	养育劣势	遗传建议
"虎爸虎妈"的结果派	·批判性强 ·行动迅速 ·改造他人 ·缺乏耐心 ·坚强果敢	·传递给孩子不怕失败、勇往直前的精神 ·极强的自信心，给孩子传递正能量 ·能抓住事物的本质，拥有极强的领导能力 ·危难时刻挺身而出，不逃避 ·给予有效的解决方法	·认为自己永远是对的，不接纳孩子的意见，亲子矛盾不易缓和 ·不关注别人的感受，导致孩子缺少爱和安全感 ·简单粗暴，让孩子不敢有不同意见 ·批判性强，导致孩子严重自卑 ·缺乏亲密分享的能力，距离感比较强	控制 关注 忍耐

王牌利器——不会休息的目标感、超强的领袖偶像、不畏困难的战士

不会休息的目标感

对于"虎爸虎妈"的结果派来说，他们的第一个养育利器便是永不停歇的目标感。在孩子成长的过程中，如果没有目标感或者没有目标，他们的成长速度就会特别慢，甚至可能低于正常孩子的水平。而结果派父母却在目标这件事上给孩子做出了最有效的榜样。

结果派父母会不断地为自己制订目标，并为了实现目标而付出相应的努力。他们抗压能力强，面对再大的挑战都不会害怕和怯场。因为他们具有极强的目标性，会坚定地告诉自己："我一定可以实现目标。"

如果结果派父母用这种实现目标的精神影响孩子的行为，孩子也会渐渐养成不断地制订并实现目标的习惯。这样一来，孩子的成绩还会差吗？他们的能力提升还会慢吗？

　　我认识的一个结果派妈妈，很多年前就不断地给自己制订各种各样的目标。正是通过这些目标，她从农村走到城市，从普通高中考上清华大学。我问过她："如果你没办法离开农村，又或者考不进清华呢？"她直接回复我："我说可以就可以，没有其他结果。"我又问："你如何培养自己的目标感？"她回答："一直都有，不用培养！"为了更好地研究她的行为，后来我天天跟她一起去上班，跟她一起教育孩子，我发现她会不断地给自己设定目标，并且超越目标。

　　看到她的状态，我相信你一定很想知道结果派父母培养的孩子会是什么样子的。2017年夏天，我组织孩子们参加夏令营。夏令营中有一段为期四天的沙漠之旅。开始前，我要求他们自由结组，每组十个人。这位结果派妈妈家的姑娘很自然地成了所在小组的队长。她给组员指派任务，并且制订团队目标，甚至具体到团员在沙漠中应该如何喝水，每个人要准备多少水……果不其然，最后她带领的团队成了冠军。

目标感是结果派的生活日常，他们展现给孩子的都是充满了目标感的行为，也自然会培养孩子这种能力。目标感让孩子不断地督促自己提升能力，从而获得自己想要的结果。

超强的领袖偶像

孩子很容易将自己的父母当作偶像。父母做什么，他们就做什么，父母是他们前进的方向，是他们判断社会的标准。结果派父母很容易成为孩子的超级偶像，因为他们极强的目标性，会让孩子崇拜他们，在养育孩子的路上，他们也会比别人更加轻松。

不过结果派父母一定要注意，如果我们的行为是正确的，那么孩子汲取到的就是优势的力量；如果我们的行为是错误的，那么我们就会变成反面教材，带给孩子的就是劣势力量。

我认识一位结果派爸爸，他的习惯中最大的劣势就是不肯认错，就算知道自己是错的也不承认。他是孩子的超级偶像，妈妈说的话，孩子很少理会，但只要爸爸一说话，孩子就会立刻执行。可想而知，孩子自然而然地学到了爸爸的劣势行为。

有一次孩子逃学，妈妈和孩子沟通，但孩子并不觉得自己做得不对，还很得意地说："我爸前天不是也逃工了吗？这根本不是问题。"妈妈把这个故事讲给我听时，一脸的无奈。她说："我老公的优势孩子身上有，劣势孩子也有！我多希望我的孩子能比我们更优秀，但是看着他这样，我真的有心无力。"这句话至今让我印象深刻。

作为孩子的超级偶像，结果派父母在养育的过程中需要做到：第一，一定要控制自己的劣势行为；第二，一定要积极引导孩子的成长方向，不能放任自流，原则问题一定要正确地引导；第三，做一个合格的超级偶像，让孩子心甘情愿地被你影响和改变。

不畏困难的战士

在孩子成长的路上，我们最担心的问题之一就是孩子是否有能力面对失败。如果他遇到挫折怎么办？遇到解决不了的困难怎么办？但对结果派来说，这些似乎从来就不是问题，因为他们天生就是解决问题的高手。

在结果派面前，没有迈不过去的坎，也没有爬不上去的山。所有的困难在他们眼中都是自己成功路上的勋章，所以他们在教育孩子的过程中会表现出极强的毅力、判断力和忍耐力，在解决困难时，他们往往也会非常成功。在孩子面前，他们就像战士一样。而他们的孩子也自然地具备了来自父母的抗挫力和抗压力。

所以，结果派的第三个育儿利器便是"不畏困难的战士"。结果派只需要把自己不怕困难、愿意挑战的精神传递给孩子就可以了，不需要通过特意强调来告诉孩子该如何去做。结果派处理事情时，只需在孩子面前表现出为难的样子，再高兴地去解决困难就好了。把这个画面表演给孩子看，目的是让孩子知道应该如何面对困难，让孩子坚信自己也可以完成并做得很棒，这种暗示就是对孩子最好的教育。

拓展养育技能——捕捉他人感受、减少控制与批判、适当承认错误

捕捉他人感受

如果说结果派拥有令人羡慕的独特优势，那么他们身上的劣势也显而易见，即很难捕捉到别人的感受。

成年人需要人际沟通，因而捕捉他人的感受是一个非常重要的技能。但结果派通常会更多地关注事情的发展和结果，因而他们与人打交道时，会忽略一些他们认为不重要的事，甚至会觉得他人的感受根本就无所谓。

他们认为如果自己做得足够好、足够厉害，自然会有很多人主动来和自己交流，自己何必主动去与他们交流呢？所以他们一点儿都不担心。但结果派却忽略了一件事，那就是人除了工作，还要花时间与人打交道，与自己的父母、爱人、孩子等打交道，他们都需要我们用心去交流。所以，结果派父母在陪伴孩子成长的过程中，需要练习捕捉他人的感受来拓展自己的养育技能。

　　练习如何捕捉他人感受的最好方式就是观察。结果派处理事情时，通常会习惯性地先给出某个结论，然后快刀斩乱麻地解决麻烦。所以我建议结果派不要先给结论，而应该把时间用在看别人争吵和讨论上，这样他们就更容易捕捉到别人的情绪。

　　观察其他人的表情、反应、态度，其实就是通过观察人与人之间的互动，来不断地调整我们捕捉他人感受的能力。

　　我有一个结果派朋友，刚认识的时候，他是一个很典型的结果派，从来不关注他人的感受，即使是他的妻子和孩子。有一次参加活动时我们又见面了，我发现他和以前不一样了。我很好奇地问他："我觉得你比以前温和了，没有以前那么强势了。究竟发生了什么事情？"他淡淡地说："有一天，我女儿对我说'我觉得我爸爸根本不像爸爸，你每天回来跟我说话就像在给员工安排工作一样，你还不如不回来呢！就连吃饭都跟开会似的！'正是女儿的话让我觉得自己应该做出一些改变。后来，我用了一个礼拜看你的演讲和文章，然后按照你的方法，和人说话的时候看着别人的眼睛，适当地缓和自己的语气，最终我变成了现在的样子。"

后来我又听说，他在单位里的人际关系越来越好，下属经常约他喝酒，甚至还会开他的玩笑。他还给我发微信说："捕捉他人感受并不是一件难以做到的事情，只是需要不断地观察和练习。谁的人际关系好，就学学他的方法，很快就可以让自己变得好一点儿。"

其实这就是接力，找一个参考对象，慢慢地实践，你会发现捕捉他人感受并不是先天的，而是可以通过后天努力获得的。

减少控制与批判

如果要在所有类型的父母中选一个丛林之王，那无疑是"虎爸虎妈"。因为结果派是掌控者，他们控制人、控制孩子、控制自己，在结果派的眼中，掌控一切才安全。

如果有人想挑战结果派的权威甚至底线，那么结果派一定会抓准时机改变局势，进行反控制，把主动权牢牢地掌控在自己手中。工作时，结果派会把工作和员工控制在自己手中，他们通过业绩或者结果来判断事情的正确与否。一旦结果派将孩子视为附属品而试图将他控制在自己手中时，后果可想而知。

在6岁以后，孩子的大脑已经建立起基本的思考模式，他们有自己的想法，可以像成年人一样沟通。如果这时候结果派对孩子进行控制与批判，那只能让父母与孩子的距离越来越远，从而产生沟通障碍。结果派想控制孩子，但孩子却觉得自己已经是大人了，对自由的向往只会让孩子和结果派父母陷入对抗状态。随着年龄的增长，孩子会学会使用同样的控制和批判来针对父母。当行为变成习惯时，孩子控制和批判的行为就会越来越强。

为避免孩子学会父母的控制与批判，结果派父母需要在养育过程中做出调整。比如：要想控制和批判别人时，先仔细看一看别人的状态，然后对他说："你有什么想法可以说出来！"其实这就是在征求别人的意见，把对方当作主角，把自己当作配角，弱化自己要控制与批判的状态。

选择忍让，让对方做出决定，也是给孩子一个空间，让他自己找到解决问题的方法。这远比我们给他固定的方法并控制他去执行好得多，而且孩子的成长速度也会更快。

适当承认错误

我曾做过一项调查，问题是"列出五种最让你讨厌的行为"。最终的结果非常出乎我的意料，排在第一位的竟然是不肯承认错误。而不肯承认错误刚好就是结果派的特征之一。

在养育过程中，结果派需要学会适当承认错误这一重要技能。要知道，向自己的爱人承认错误其实一点儿都不丢人，对孩子承认错误，甚至可以被称为勇敢。我们需要对错误表现出开放的态度，毕竟很多的"对与错"都是因人而异的。除了法律和道德的底线，有多少问题，我们其实无法界定什么是正确，什么是错误。

很多结果派父母不愿承认错误，最终结果就是孩子也不愿承担错误的行为或习惯。父母是孩子的镜子，孩子是父母的影子，如果我们长期这样做，孩子获得的劣势行为就会影响他后续的发展。

有些父母也许已经有了一定的社会影响，受到很多人的尊重。但要记住，孩子之间能力基本是平等的。凭什么别人家的孩子要让着你家的孩子？如果大家都要配合你家的孩子来演戏，就会导致你家的孩子始终不服气，甚至不知道自己到底错在哪里，反而会认为别人才是错的，这会让孩子走上一条不归路。

出现错误就承认它，这才是最简单有效的方法。如果有人说你错了，你要微笑地对他说："你可以告诉我，错在哪里吗？我希望下次不再犯同样的错误。"如果你觉得对方说得对，可以放下面子，虚心地接受并承认自己的错误。这样，我们给孩子带来的，就是谦虚、大度、忍让、礼貌和尊重。

遗传建议——控制、关注、忍耐

结果派行动的时候会确定很多目标，但这也意味着他们在执行时容易忽略掉很多细节。所以，我给结果派的遗传建议是控制、关注和忍耐。接下来，我们一个一个地分析。

控制

结果派关注的都是结果，这意味着他们在养育过程中常常会忽略孩子的能力和情绪。这时，结果派要学会的是控制自己，甚至要忍耐，不把自己的要求全部压到孩子身上。

比如制订计划时，如果发现这个计划在近期很难实现，我们可以把它写在本子上，并且把开始日期放到两个星期之后。这时候，我们控制的是自己急迫的心，并且这种行为也是在告诉孩子，有些时候我们要控制自己的想法和目标，在正确的时机做正确的事情，千万不要着急。

适当的控制自己反而能激发起孩子更多的能力，也让我们有更多的时间来引导孩子参加最适合的活动，或者定一个更适合的目标。

关注

要多训练自己关注和孩子的互动、孩子的情绪状态、孩子的表情，甚至是孩子的兴趣。发现孩子的状态忽然变得消极时，我们就要及时地暂停活动。在完成活动的过程中，只有孩子达到了最佳状态，才能完成得又快又好，才能有所收获，起到真正的教育作用。

要想学会关注孩子，最佳、最有效的方法就是看孩子撅嘴、叹气、哭、抱怨和着急的次数，也就是关注孩子负面情绪出现的次数。如果发现孩子负面情绪出现的频率越来越高，那我们正在进行的事情就需要立刻停下来，这样孩子会觉得他获得了你的关注，你懂他的心，你们的关系会越走越近。这样，父母才更有机会影响孩子，让他获得更多的技能。

忍耐

面对自己不喜欢的事情时，我们需要忍耐。结果派的速度很快，他们可以快速参与、快速操作、快速获得结果，所以，对于结果派，我们不需要担心，反而要关注他们是否能控制自己，不要制订过多或过高的目标，不要为了实现目标而伤害到周围的人，甚至是自己的孩子。

对结果派来说，与低价值感的人共事是一种忍耐，与进步速度慢的人共事也需要忍耐。所以看着自己的孩子成长速度慢，他们会如坐针毡，很难忍住不插手。但陪伴孩子成长是需要耐心的，不忍耐就会揠苗助长。

教育和影响孩子不是拼命前进、努力就可以做到的，孩子是一天天长大的，他们的能力更是慢慢出现的，所以强求只会让孩子走上叛逆的路。结果派父母要尝试忍耐，给孩子犯错的机会，让孩子慢慢找到属于自己的成长节奏和目标。你说得少，孩子才会想得多；你的方法少，孩子才会试着自己寻找方案，忍一忍，你会培养出更优秀的孩子。

"牛爸牛妈"的思考派（见表5-3）

表5-3 "牛爸牛妈"的思考派

特质	显性行为与习惯	养育优势	养育劣势	遗传建议
"牛爸牛妈"的思考派	• 不易妥协 • 善于分析 • 坚持原则 • 杞人忧天 • 追求完美	• 有责任心，给孩子树立一个好榜样 • 可以培养善于思考的孩子 • 关注细节，不会粗枝大叶 • 恪守分寸，不会侵犯他人 • 做事流程化，不会随便改动	• 负面情绪较多，容易培养悲观的孩子 • 总是杞人忧天，导致孩子不敢轻易行动 • 原则性强，不易妥协，导致亲子关系对立 • 习惯性防卫，影响孩子的人际关系 • 吹毛求疵，导致周围人压力增大	接纳 放下 积极

王牌利器——规避风险的计划、注重承诺的品质、不畏人言的执着

规避风险的计划

对"牛爸牛妈"这种思考派来说，他们养育的第一利器就是规避风险的计划能力。行动派在"做计划"这件事上绝对有先天优势，可以规避很多风险。这里的"规避很多风险"并不是说他们做事没有风险，而是思考派通常会在行动之前深思熟虑，对事情有可能发生的变化进行梳理，提前找到适合的应对方案。

思考派的危机意识极强，所以在家庭教育的过程中，他们往往会比其他特质的父母更慎重。对孩子做出谨慎的判断、适时的决定以及合理的计划。在帮孩子做计划之前，思考派就已经在思考究竟怎么做才会对孩子有好处了。

但是，还有另外一个难题需要思考派父母思考：思考派大多具备极强的制订计划的能力，如果孩子无法执行下去，思考派不会妥协，这难免会给孩子一种固执教条的感觉。

能够坚持原则是好事，制订计划也是好事，但用在孩子身上的时候必须要注意孩子的年龄阶段特点，找到适合孩子的办法，让孩子心甘情愿地执行，这样教育孩子才会无往不利。

思考派父母做计划的能力很强，如果可以把这种能力传递给孩子，才是最好的计划。思考派父母可以带着孩子一起制订计划，把框架给孩子，让孩子学会制订计划。孩子做好计划后，不要再让他补充，而是让他按照自己的计划行事。他失败后会很痛苦，但是这对孩子下次更细心地做计划有着助推的作用。

注重承诺的品质

思考派的第二个优秀品质是注重承诺。答应过的事，他们就一定会想方设法地完成，只是他们有自己的计划和安排，我们不能催他们。也正因为这样，思考派让人感觉特别靠谱，交代给他们的任务，无论多烦琐，他们都可以完成得特别细致，很少有纰漏。

在教育孩子的过程中，注重承诺是特别好的优势行为，我们要引导孩子拥有这一良好的品格。

我的幼儿园里有一个孩子的爸爸就是思考派。一次放学后，我陪着还没被接走的孩子一起玩拼插玩具。那个孩子对我说："闻老师，我明天要第一个来上学！"我回答道："那太好了，你早上几点来都可以，只要不迟到就行。"

没想到晚上孩子突发疾病，半夜去了医院。所以孩子来幼儿园的时候，已经是中午了。我看他好像不高兴，就跟他说："你是不是还不舒服呀？如果不舒服可以回家休息一天。"

孩子摇摇头，我忽然想起昨天我们的对话，我跟他说："明天你还是第一个来上学好不好？我在幼儿园等着你。"听到这句话，孩子没说什么，但似乎高兴了一些。第二天一早，我刚到幼儿园，他就从旁边跑出来对我说："我今天是第一名，比老师还早呢！"

这件事让我对"遗传家教"有了特别深的感悟，思考派把他们注重承诺的品质传递给了孩子，所以最好的教育一定是言传身教。

不畏人言的执着

不畏人言的执着是一个人通向成功的必不可少的品质。而对思考派来说，不畏人言的执着就是他们每天的生活日常。

思考派不会因为别人改变自己和妥协。他们会根据自己的思考判断做出选择，只要有了计划，他们就一定会坚持到底，努力把事情做得完美，而不会介意别人怎么评价，更不会因为别人影响自己。

所以，这种不畏人言的执着也是思考派教育孩子的一大优势和利器。众所周知，在教育孩子的过程中，有很多人会给意见、做参谋。但这些意见并不都是正确的，有人难免会被这些意见和参谋带偏，脱离原本的方向。所以思考派对这些事情的处理会自然地影响孩子。

思考派开始执行任务前，会做大量考证，所以一旦开始执行，他们就会认准并坚持下去，即使所有人都制止他，思考派也会不畏人言地执着于自己的计划。思考派爸妈在监督孩子上兴趣课或是监督孩子完成某个自己选择的任务时，无疑具有鲜明的优势。

我们常常会看到有些孩子自己选择了某个兴趣课，却因为感觉难而不愿坚持。这时，父母也会因为不愿意看孩子哭闹而选择放弃。这样，就很难教会孩子什么是坚持。这种情况在思考派的世界中显然是根本不可能发生的，所以思考派父母最能培养出坚持到底的孩子。

拓展养育技能——扭转悲观的思维、增强人际交往、降低自己的标准

扭转悲观的思维

虽然思考派父母有非常多的教养优势，但他们也有一个很明显的教养劣势，即他们在教养孩子的过程中一定要克服的悲观思维。

思考派因为擅长思考、分析和为事情做计划，所以在事情开始前，他们会做好最坏的打算，也习惯性地从悲观的角度来思考事情的发展，以便把有可能出现的漏洞和风险找出来。只有一一列举并找到解决方案，他们才能开始行动。所以思考派与孩子交流时，最常对孩子说的话就是：考虑清楚了吗？你觉得怎么做会更好？

思考派这么问的时候，并不是真的觉得孩子做得不够好，只是觉得还可以更好。但孩子毕竟社会经验不足，也要充分考虑到不够周全才是孩子该有的样子。

悲观的思维方式会影响孩子争取自己的利益，孩子可能因为无法迅速做判断而失去机会。失去机会，可能会让孩子痛苦，所以我建议思考派父母可以尝试用积极、乐观的态度去面对事情。做事情可以思考得尽量周详，但面对人的时候要有积极的态度，这样，孩子才可以既学会思考周详，又能保持自信。

增强人际交往

人际交往能力是我们参与社会必备的硬技能。如果周围有一个人总是吹毛求疵，要求极其严苛，你用一分钟刷十个碗，他用十分钟刷一个碗……你会有什么感受？你愿意和他们成为朋友吗？

我问过思考派的朋友，你们做事那么认真，那你们对做事不认真的人是什么态度？他的回答让我大跌眼镜，他说："那是别人的事情，我只要管好我自己就行了。"也就是说，思考派从来没想过给别人压力，因为他觉得这些事就应该这么做。

但不幸的是，他的表情、不表态的态度还有提出疑问时的感觉，都会让大家觉得他在吹毛求疵，给周围的人带来了强大的压力。大家会觉得永远无法获得他的满意和认可，很难达到他的标准，所以很多人会习惯性地躲开他。

所以，思考派需要提升的技能之一就是增强人际关系。避免自己的行为给别人增加压力，人多时可以适当调整自己对待事情的态度，配合他人完成任务，而不是自己在那独自完成任务。这些方法都可以让思考派的人际关系得到缓和。

如果父母都没有良好的人际关系，又怎么教孩子与别人好好相处呢？要求严格的父母经常会培养出要求严格的孩子。当孩子觉得严格要求是正常的，他自然也会用相同的标准要求别的孩子。但别的孩子可不会像他想的那样听话，甚至会直接与他绝交。

所以培养孩子正确的人际交往态度，让孩子获得好人缘，掌握人脉和资源，才能为他的未来创造更多提升自己的机会。

降低自己的标准

"牛爸牛妈"的思考派是所有父母中要求最严格的。他们对结果的要求可能不会太高，但对过程中的计划和规划，甚至时间节点的要求却非常高。虽然已经写过很多书，但我始终不敢懈怠。因为我有一位思考派同事，他会在一开始就给我制订好时间计划，在每个交稿日前三天开始联系我。他不会错过任何一个时间节点，会准时地来催稿。在同事当中，他虽不是最出彩的，却是唯一一个不延误关键节点的。

如果你看过电影《小王子》，一定还记得小女孩的妈妈给她做的计划表，细致到几点钟吃多少苹果都有计划。因为有了计划，自然就会出现达标和未达标两种结果。如果未达标时父母对孩子提出更高的要求，这个行为就会被孩子学会。在幼儿园或学校，孩子也会不断地用这些标准去要求别的孩子，向他们提出自己的要求。

也许是出于好玩儿，一开始可能还有孩子配合，但一旦他们发现这不再像游戏时，就会退出，不再配合。别的小朋友凭什么非要跟你一起玩耍，接受你的高标准呢？这会让儿童期的孩子失去玩耍的乐趣。

要想让孩子可以和其他小朋友共同成长，思考派爸妈一定要学会降低自己的标准，更不要让孩子学会制订不合实际的高标准，与大家同步是最好的成长环境。

遗传建议——接纳、放下、积极

接纳

接纳，就是接受别人和我们的不一样。这里所说的接受别人和我们不一样，并不是要改变我们的初衷，而是两

106

种想法可以并存，互相影响。

前边讲到思考派的一大特点，就是他们不畏人言的执着。思考派执行计划时，根本不在乎别人对自己的评价，所以常常会给大家留下刻板的印象，觉得你一个人战斗就可以，你根本不需要团队和他人的建议和援助。思考派需要学会接纳，要适时地接受别人的建议，将之和自己的想法融合，这就是接纳。

放下

放下，就是没有执念。如果我们觉得自己是最正确的，就会产生"对"的执念，孩子做什么事，以及无论孩子跟我们说什么，你都会觉得他是错的，这就是执念。有执念的思考派要想学会放下，必须是发自内心地想改变。

比如你为一件事情做了一个非常详细的计划，这是好事。如果这份计划里你需要其他人的协作，每个人都需要完成自己的任务，那么你一个人来制订计划就很不合理。大家会觉得你操控了所有人，没给大家提供表达自己想法的机会，有被命令的感觉。一旦大家对此持抵触的态度，消极做事，就会直接导致事情进展不顺利，甚至失败。

放下自己的计划、标准和要求，把自己融合到团队中去，你会发现你的计划、标准、要求会成为团队成功的秘籍。你的放下更会让孩子明白，适时的让步会获得更多的成长空间。你的放下会换来大家的群策群力，这时再做出计划，就一定会比你单独做更有竞争力。

积极

积极，指的是保持积极的心态，从积极的角度看待事情，做事选择积极的方向。思考派的天然优势是风险意识，但缺点是风险意识太强。在看待事情时，他们会消极悲观。

没人喜欢身边有一个消极悲观的人总在消耗自己的意志力，每个人都希望周围充满正能量，能够时时刻刻为自己加油打气。所以思考派需要做出的第三个训练就是"积极"。

如何变得积极，一个简单的办法就是黑白配。不管做什么事情，都要进行"黑白"思考，并刻意练习，让自己选择积极的一面。举例来说，如果老师通知你孩子要代表学校参加城市的演讲比赛，先来看看消极的人和积极的人思考方式的不同（见表5-4）：

表5-4 消极的人和积极的人的思考方式

悲观的消极想法	乐观的积极想法
1.孩子应该讲什么主题呢 2.万一孩子倒数第一怎么办 3.孩子能不能完成这个任务呀	1.太好了，我要帮孩子选一个他喜欢的主题 2.名次不重要，重要的是参与 3.我觉得孩子这次一定有进步

方法很简单，把想法写出来，找到最积极的那个，然后去做就可以了，不要纠结是否合适，先努力尝试积极的感觉。慢慢地，我们就会掌握这个技能。

"猫爸猫妈"的支持派（见表5-5）

表5-5 "猫爸猫妈"的支持派

特质	显性行为与习惯	养育优势	养育劣势	遗传建议
"猫爸猫妈"的支持派	·为人厚道 ·得过且过 ·极具耐心 ·逃避问题 ·从不发火	·避免冲突，孩子成长环境少有暴力 ·善于接纳别人的意见，支持别人的决定 ·处处为别人考虑，不会给别人压力 ·不会改变别人，尊重个体发展 ·可以宽恕孩子对自己的伤害	·懦弱胆小，纵容别人欺负自己，让孩子觉得父母靠不住 ·无原则妥协，导致孩子原则性比较差 ·没有自我，让孩子很难尊重父母，丧失父母的权威感 ·缺少目标，没有追求，会让孩子也安于舒适圈 ·只做旁观者，不会主动参与，导致孩子没有尝试的意愿	体验要求决定

王牌利器——知足常乐的态度，厚道大度的处世之道，耐心倾听、超长待机

知足常乐的态度

支持派的一大利器就是知足常乐的态度。通过一个人是否快乐，可以看出他的幸福度高不高。很多人不快乐是因为不知足，总是有各种各样的欲望。

如果孩子在成长的过程中不断地滋生各种各样的欲望，当然，这里所说的欲望不是指正常欲望，而是那些超出了现实，超出了我们能力范围的欲望。孩子被这些欲望蒙蔽，就会感到失望，而失望会进一步发展为萎靡不振。

这时，支持派知足常乐的态度就会成为孩子最好的榜样。父母可以给孩子们做出表率，让孩子知道，哪怕是一点儿小事，也可以让我们感受到幸福和快乐。只要随着时间慢慢地将这种行为植入到孩子的行为模式就可以，并不需要刻意的训练。

知足常乐的态度会让孩子更轻松，还能为孩子传递正确的价值观——不因物质或者目标的得失而改变自己的初衷。这是支持派的最大好处，他们知足常乐的态度，会让孩子更易于享受父母的给予，更满足于现在所接触到的物质条件和生活条件。

厚道大度的处世之道

厚道大度是很多人都喜欢的美好品质，因为和这样的人相处没有压力。但是受认知能力的限制，孩子们很难真正地做到大度和大方。他们喜形于色，高兴和不高兴都挂在脸上。如果这时候父母要求孩子"你应该大度一些"，孩子很可能满心委屈，根本表现不出大度。

支持派厚道、大度的处世之道，很容易言传身教，被孩子看到并学会。不过，父母还要注意一个细节，就是当别人越过界限践踏了我们的底线时，我们就要保护自己的权益。要知道，大度不代表无边界的忍受。

耐心倾听、超长待机

当遇到不开心、不顺心、难过、烦躁的事时，你会怎么应对？有人会喝酒，有人会去吃饭，有人会出去玩……无论哪种途径，我们一般都会找一个人作为听众，把所有的情绪一吐为快。我们需要一个人，能耐心地听完我们的抱怨，而不会对我们的遭遇指手画脚。而这恰恰是支持派每天的日常。

如果孩子拥有支持派父母，他们就会很自然地分享自己的故事，因为孩子知道父母不会强迫自己做出改变，所以他们会说出自己心里的秘密。虽然支持派父母不能帮孩子做主，但是跟父母说一说也可以减少孩子的压力和负担。

耐心倾听是支持派与孩子建立良好关系的利器，它不仅可以让家庭气氛变和谐，还会让孩子学会倾听的本领，并在与别人相处的过程中，通过这个行为得到别人的好感和尊重。

拓展养育技能——勇敢说"不"，逐步制定目标，尝试增加压力

勇敢说"不"

对支持派来说，他们的本能是同意并支持，说"不"简直太难了。他们很难拒绝别人，所以会不断地妥协，甚至委屈自己。也许他们并不为此感到痛苦，但是这样的态度，会让孩子觉得过于窝囊。

当孩子觉得父母不够强大时，他们很难再将父母作为自己的榜样，容易把成长的榜样换成他人。一旦孩子参照的对象是并不优秀甚至是有劣迹的人，那么孩子未来的危险性就不言而喻了。

实际上，勇敢地说"不"并不会得罪人或伤害人，这是在告诉别人我有保护自己的权利，我也有拒绝的权利。勇敢地说"不"，是一种态度，将这种态度传递给孩子，孩子才能不会因为不懂拒绝而委屈自己，甚至遭到别人的伤害。

逐步制订目标

逐步制订目标，是支持派第二个需要提升的能力。因为他们过于知足常乐，所以生活中的任何进步，都会让他们欣喜若狂，从而失去进一步成长的动力。他们没有野心，自然不会轻易给自己制订目标或计划，从而让人生变得更好，他们觉得平平淡淡的日子也是不错的选择。

但是这种安于现状的状态，会给孩子一个错误的示范，让孩子觉得我怎么做都是最好的，不需要有新的追求和目标。我们都知道，一个人一旦丧失了目标，就会丧失斗志，而这也意味着他会逐步被社会边缘化。

我们都希望孩子有美好的未来，那为何不给孩子做一个好的榜样呢？逐步去实现自己的目标，让孩子知道目标是可以实现的，自己的未来也值得期待。

尝试增加压力

支持派喜欢平稳的生活，不喜欢充满挑战的工作；他们喜欢平平淡淡的日子，不喜欢每天变来变去，所以平和的日子就是支持派最大的幸福。

孩子天生喜欢挑战和改变，他们会探索未知的世界以改变现在的生活。他们的每一次尝试，都是在不断地探索新鲜、有趣的世界。这种探索会让孩子觉得世界在自己的掌控之中。

如果一个人没有压力、没有目标、没有动力，觉得外界的平和就是自己最想要的，那他又怎么可能有动力去挑战不一样的生活呢？任何尝试都会有压力的存在，而支持派最不想的就是面对压力。所以，支持派父母需要给自己增加压力，否则孩子从哪里学习承受压力的能力呢？

增加压力，并不是让我们一次性地达成某种结果，而是逐步地、一点一点地给自己增加可接受的压力，让自己慢慢地进步，让孩子看到父母不断挑战自我的样子。只有这样，孩子在面对来自家庭、学校和社会的压力时，才会更愿意尝试，并且愿意不断地增加压力，直到取得成功。

遗传建议——体验、要求、决定

体验

因为支持派的第一行为特质是安于现状，所以大多时候他们都会觉得岁月静好。他们不愿意主动去改变，去体验新鲜的生活，更不愿意体验风险、刺激、多变的生活。

对这种状态，支持派最需要改变和学习的是体验——培养自己体验的能力。对此，我为大家分享一个最简单的办法：虽然支持派自己不愿意体验新鲜事物，但当有人带领时，他们也不会拒绝。

孩子通常都喜欢稀奇古怪的世界，如果没办法带领他们去体验，不妨换成孩子带我们去体验。我们只需要充分地放权，积极参与孩子的每次体验就可以了。

从小事开始，让孩子学会带父母一起去完成一件有趣的事。慢慢地，当孩子觉得父母其实很有趣时，他们也会更愿意与父母互动，而父母也会有更多的机会去了解和帮助孩子，这就是体验的乐趣和神奇的效果。

要求

要求，指的是对自己提出规划，而不是随波逐流，别人说什么你就说什么，别人干什么你就干什么！这里的"要求"指的并不是别人要求我们，更不是我们要求别人，而是我们要学会对自己有要求，不能总是一成不变。

提要求有一个小窍门，就是把要求分成阶段。好比吃馒头，如果你一餐只能吃一个馒头，那就不要给自己提出吃十个馒头的要求，一餐吃一个半馒头即可。难度系数不大就容易完成，这样我们才有进步的空间，才会对自己的持续进步有帮助。

假若目标的一次性要求太高，孩子很容易因为完不成而中途放弃。所以小目标、不间断，才是我们努力的方向，才是水滴穿石的毅力和坚持。

决定

所谓决定，是指经过判断后，最终做决定的能力。尽管支持派不愿意为自己做决定，但是却不能逃避为孩子做决定，毕竟孩子小时候，需要监护人为他们做决定。作为父母，我们要为孩子提供大量有效的建议。在孩子还小的时候帮他做决定，向孩子证明，他的父母是可靠的人，从而让孩子更相信我们。

为了更好地与社会接轨，孩子需要通过不断观察成人，来感知这个社会的游戏规则，并逐渐拥有自己做主的能力。如果父母总需要由别人来做主，就会给孩子传递错误的信息，让孩子认为这才是对的，进而失去做决定的能力。

做决定是促使孩子与社会接轨的重要渠道，无论父母还是孩子，都要学会自己做决定。生活随时都需要我们做决定，所以支持派父母可以尝试从聚会的点菜开始，激活自己做决定的能力。

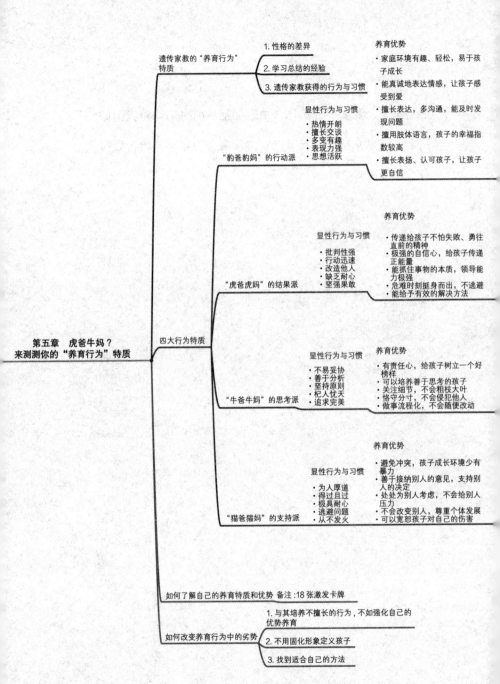

第五章　虎爸牛妈？
来测测你的"养育行为"特质

遗传家教的"养育行为"特质
- 1.性格的差异
- 2.学习总结的经验
- 3.遗传家教获得的行为与习惯

四大行为特质

"豹爸豹妈"的行动派
显性行为与习惯
- 热情开朗
- 擅长交谈
- 多变有趣
- 表现力强
- 思想活跃

养育优势
- ·家庭环境有趣、轻松，易于孩子成长
- ·能真诚地表达情感，让孩子感受到爱
- ·擅长表达，多沟通，能及时发现问题
- ·擅用肢体语言，孩子的幸福指数较高
- ·擅长表扬、认可孩子，让孩子更自信

"虎爸虎妈"的结果派
显性行为与习惯
- 批判性强
- 行动迅速
- 改造他人
- 缺乏耐心
- 坚强果敢

养育优势
- ·传递给孩子不怕失败、勇往直前的精神
- ·极强的自信心，给孩子传递正能量
- ·能抓住事物的本质，领导能力极强
- ·危难时刻挺身而出，不逃避
- ·能给予有效的解决方法

"牛爸牛妈"的思考派
显性行为与习惯
- 不易妥协
- 善于分析
- 坚持原则
- 杞人忧天
- 追求完美

养育优势
- ·有责任心，给孩子树立一个好榜样
- ·可以培养善于思考的孩子
- ·关注细节，不会粗枝大叶
- ·恪守分寸，不会侵犯他人
- ·做事流程化，不会随便改动

"猫爸猫妈"的支持派
显性行为与习惯
- 为人厚道
- 得过且过
- 极具耐心
- 逃避问题
- 从不发火

养育优势
- ·避免冲突，孩子成长环境少有暴力
- ·善于接纳别人的意见，支持别人的决定
- ·处处为别人考虑，不会给别人压力
- ·不会改变别人，尊重个体发展
- ·可以宽恕孩子对自己的伤害

如何了解自己的养育特质和优势 备注：18张激发卡牌

如何改变养育行为中的劣势
- 1.与其培养不擅长的行为，不如强化自己的优势养育
- 2.不用固化形象定义孩子
- 3.找到适合自己的方法

养育劣势

- 情绪波动较大，会让孩子痛苦不堪
- 随意变化，让孩子不能建立规则
- 虚荣心强，容易让孩子更关注外在
- 缺乏自控，教育活动很容易半途而废
- 疏于兑现承诺，导致孩子对父母的信任度降低

王牌利器

激发对未来生活的期望
随处可见的赞美
与社会同步的好奇心

拓展养育技能

控制多变的情绪
厘清责任与担当
杜绝轻许诺言

遗传建议：规划、复盘、控制

养育劣势

- 认为自己永远是对的，不接纳孩子的意见，亲子矛盾不易缓和
- 不关注人的感受，导致孩子缺少爱和安全感
- 简单粗暴，让孩子不敢有不同意见
- 批判性强，导致孩子严重自卑
- 缺乏亲密分享的能力，距离感比较强

王牌利器

不会休息的目标感
超强的领袖偶像
不畏困难的战士

拓展养育技能

捕捉他人感受
减少控制与批判
适当承认错误

遗传建议：控制、关注、忍耐

养育劣势

- 负面情绪较多，容易培养悲观的孩子
- 总是杞人忧天，导致孩子不敢轻易行动
- 原则性强，不易妥协，导致亲子关系对立
- 习惯性防卫，影响孩子的人际关系
- 吹毛求疵，导致周围人压力增大

王牌利器

规避风险的能力
注重承诺的品质
不畏人言的执着

拓展养育技能

扭转悲观的思维
增强人际交往
降低自己的标准

遗传建议：接纳、放下、积极

养育劣势

- 懦弱胆小，纵容别人欺负自己，让孩子觉得父母靠不住
- 无原则妥协，导致孩子原则性比较差
- 没有自我，让孩子很难尊重父母，丧失父母的权威感
- 缺少目标，没有追求，会让孩子也安于舒适圈
- 只做旁观者，不会主动参与，导致孩子没有尝试的意愿

王牌利器

知足常乐的态度
厚道大度的处世之道
耐心倾听，超长待机

拓展养育技能

勇敢说"不"
逐步制定目标
尝试增加压力

遗传建议：体验、要求、决定

智慧父母实操篇

孩子叛逆管不了？

方法对了，
再难管的孩子也好管

第六章

大人的问题，不要让孩子背锅

父母相爱，是孩子最好的童年礼物

直到现在，我还记得我第一次走进少管所时接触的第一个孩子。我问他："如果想改变小时候的一件事，你想改变什么？"孩子想了一下，说："他们不吵架吧！"后来我才知道，男孩的父母天天当着他的面吵架，什么难听的话都能说出来。孩子指着额头的伤疤说："这是我妈扔茶杯砸的，当时我满脸都是血，结果没人管，他俩还继续吵架。"

也许你会认为谁家夫妻能不拌嘴、不吵架？两口子吵完就好了，很快就没事了。确实，没事的是当事人夫妻俩，但吵架留给孩子的伤害却常常被我们忽略。我曾听人说过："我们吵架关孩子什么事？又没有跟孩子吵，怎么可能对孩子有影响？"事实上，只要父母吵架，就会对孩子有影响，而且影响常常比我们想象的更严重。但夫妻间很难避免不吵架，一旦吵起来，该怎么办呢？

在说这个问题前，请大家先想一想，当着孩子的面吵架，对孩子的影响是什么？

1.负面情绪可以肆意发泄；

2.控制自己不重要；

3.发泄情绪比解决问题重要；

4.忽视他人的感受很正常。

长期受这四种感受的影响，孩子会自卑、焦虑、没有安全感、不信任他人。等孩子长大后，不仅人际关系会出现问题，也会深深地影响他的婚姻。最可怕的是，当孩子觉得没有安全感时，会对自己的价值产生怀疑，认为自己是多余的。这常常会导致孩子抑郁，选择轻生者亦大有人在。

如果父母无法避免争吵，就需要注意以下几个细节：

首先，不要当着孩子和家人的面吵架。如果这样做，就是在告诉孩子这个家没有爱，这会让孩子丧失安全感。

其次，就事论事，不翻旧账。翻旧账会让孩子觉得爸爸/妈妈这么多年一直在做很糟糕的事，从而很难再相信他/她。如果这个人是孩子最喜欢的人，就会让孩子有上当受骗的感觉。

尽量避免冷战。这个过程会让孩子产生不安和焦虑，影响孩子的心理健康，很容易让孩子患上心理疾病。

不摔东西，不离家出走。摔东西会让孩子觉得家庭环境很不安全，内心也会留下创伤。而离家出走则会让孩子产生被抛弃的感觉，家的温暖也会荡然无存。

吵完架后，父母可以做这三件事来降低吵架对孩子的影响。

当家里平静下来后，你需要收拾好自己的情绪，对孩子说："刚才我们吵架，是不是吓到你了？"鼓励孩子把当时的感受说出来，弄清楚孩子害怕的是什么，是父母吵架时的语气和表情，还是怕父母吵架后不要自己了。

了解清楚后对孩子说："爸妈吵架这么发脾气是我们的不对，和你没关系，以后请你来监督我们学会控制自己的情绪。"邀请孩子监督，其实是对孩子保证爸爸妈妈不会不要他，让孩子先安心。然后观察孩子在第二天有没有恢复正常，如果没有，就要更加用心地陪伴他，争取早日修复孩子心底的伤害。

父母彻底解决争吵的问题和矛盾后，一定要对孩子说："爸爸妈妈之前有些问题，但是我们用吵架来解决问题是不对的，现在我们通过沟通，已经把问题解决了，以后不会再出现这个问题了，请你相信爸爸妈妈。"这时父母需要在孩子面前证明给他看，你们真的和好了。

接下来，我们还需要向孩子解释清楚，你们当时只是一时冲动，没有控制好自己的情绪才吵架的。尽管孩子不一定完全理解，但是他看到父母恢复到平时的状态，就会安心。时间久了，孩子就会淡忘父母吵架这件事。

父母不吵架几乎是不可能的，重点是教会孩子自己有情绪的时候该如何表达，两个人之间有矛盾的时候该如何处理。

父母在吵架之后应该对孩子说："宝贝儿，爸爸和妈妈吵架是因为我们之间的事情，并不是因为你不够好。"告诉孩子，大人吵架的事与他无关，别让孩子认为是因为自己不好父母才吵架，避免孩子自责。同时要记得对孩子说："无论父母有没有吵架，我们都一样爱你。"这样会让孩子有安全感。

我们的核心目标只有一个，就是给孩子一个和谐稳定的成长环境。即便是吵架，也要让孩子知道吵架不是解决问题的好办法，更要让孩子知道吵架后该如何恢复关系。总之，如果实在避免不了吵架，就尽量把吵架带来的负面伤害降到最小。

职场父母，零碎时间的有效陪伴

一位职场妈妈，究竟有多累？

每天早上叫醒你的不是闹钟，而是宝宝醒了；从起床到上班，不能耽误半分钟时间。为了能早点下班，上班期间更不敢有半点懈怠，只想完成手里的工作，减少加班时间，早点回家陪孩子。回到家，放下包就开始做饭、洗衣服、打扫卫生、给孩子洗澡……终于到晚上了，你只想让孩子早点上床睡觉，结果孩子还吵着要玩游戏。这时候的你已经精疲力竭，只想瘫坐在沙发上，哪还有心情和体力来陪伴孩子呢？

于是我们便会想着弥补孩子，有的父母会给孩子买一大堆玩具、给孩子报他喜欢的课程，甚至不惜重金，满足孩子的一切需求。也有些父母虽然要求彼此一定要有一个人回家陪伴孩子，但是他们陪在孩子身边时不是玩手机就是看电视，根本没有起到陪伴的作用。而且在经济的压力下，他们通常焦躁不安，更不用说陪伴的效果了。那么职场父母究竟应该如何有效地陪伴孩子呢？

我有三个陪伴的小诀窍，可以让职场父母轻松、简单地掌握陪伴要领。就算只有五分钟，你也可以满足孩子对爱的需求。

这个专属时光不只属于孩子，也属于父母。有效陪伴的意思是在这个时间段里，孩子得到你专注的爱，而你也全然地享受为人父母的幸福。因此，陪伴孩子的时候，切记不能忙家务、不能打电话、不能走神，更加不能刷朋友圈。这是专属你和孩子的美好时光，不只是你陪孩子，孩子也在陪伴你。只要全神贯注，你就可以从中获取足够的爱和能量。哪怕只有十分钟，也能让孩子感受到你的身心是和他在一起的。

如果孩子有自己的兴趣和爱好，可以尝试与孩子共享私人时光。你可以在精力允许的时候对孩子说："哇！宝贝儿，我发现了一本特有意思的故事书，我想和你一起来读故事。快过来！"孩子一定会高兴地接受你的邀请。你们可以一起看书，一起画画……讲到精彩的地方，你还可以与孩子相互交流各自的想法和看法。当然，你们也可以各看各的书，或者各画各的画，但享受同一空间、同一时间、和做同样事情的美好感觉。

我想拥有自己的私人时光，但是我也想和我爱的人分享私人时光。我们彼此陪伴，共度时光，这是一件多么美好的事情啊！

开始陪伴前，你需要先调整一下，放下自己的"家长身份"，从这时候开始，你是孩子的玩伴、朋友，而且你的年纪和孩子的年纪一样，你的"智商"也与他一样。

我跟一位妈妈聊过，哪怕你可以在五分钟内搭好积木，也要刻意延长时间搭给孩子看，让他帮你。即使孩子嫌弃你，你也要让孩子帮你搭积木。你可以对孩子说："快来帮帮妈妈吧！妈妈好像不太会搭积木。"简单的搭积木，却可以让你跟孩子一起玩上半小时，甚至一个小时。这时候我们不是两代人，而是真正的朋友。

将自己调到和孩子相同的频道，享受陪伴他的过程，让孩子成为游戏的主导，你会发现晚上睡觉的时候，孩子脸上挂着的都是满足和自信的微笑。

在我们家，陪伴一定会有主题，无论是临时的陪伴还是固定的陪伴。比如，我家固定的陪伴主题是阅读，这个环节会在孩子睡前完成，我们会让睡觉变成一件有仪式感的事情。

睡觉之前，是孩子最好的阅读时间，一天已经临近尾声，孩子、大人都已经洗漱完毕，再也没有别的事情可以干扰到我们了。开始愉快的睡前阅读，是孩子很喜欢的仪式。每次睡觉前，他都会找本书对我说："讲故事时间到喽！"我把这个方法分享给了很多爸妈，他们都觉得效果很好，你不妨也试试看。

如果因为工作的原因很难准时回家，你也可以试试比较灵活的随机主题：做手工、捏橡皮泥、过家家、玩乐高，等等，这些都可以成为你们的临时欢乐主题。具体可以根据孩子的兴趣和意愿来选择，只要孩子喜欢就好，无须规定得太死板。要注意的是，与孩子约定好，无论选择做什么，都要有始有终，这样做可以有效培养孩子的专注力。

职场父母精力不够，这虽然是陪伴中最大的问题，但只要利用好零碎的陪伴时间，也会有很不错的陪伴效果。对于孩子来说，他们需要的不是陪伴的时间长短，而是你在陪伴他的过程中，有没有用心陪伴他，情感的交流才是真正有效的陪伴。

二宝来了，相亲相爱还是"相爱相杀"

我们常常能看到这样的新闻——父母要生二宝，但老大不愿意。比如前段时间就有这样一则新闻：妈妈又怀孕了，13岁的女儿气得要自杀，妈妈只好含泪打掉了腹中13周的孩子。还有一则新闻是：一个五年级的学生给妈妈写了一封信："妈妈，你爱我吗？自从有了妹妹，我感觉你更爱妹妹了……妹妹哭了，你不管三七二十一就瞪着我说是不是我把她搞哭了……我像一个被全世界抛弃的孩子，你再也不给我穿衣打扮了，也不给我变着法儿做饭了。"

很多父母常常会要求老大说：你是姐姐，你要让着妹妹！你已经长大了，怎么还这么不懂事？弟弟还小，你要多照顾他……

我们经常忘记老大，虽然他大一些，但也只是个孩子！他们被迫成熟，被迫懂事，被迫忍让。大量的不情愿导致了老大和老二的矛盾。更关键的是，父母常常有意无意地忽略这些矛盾，觉得孩子过一段时间就忘了，长大后会慢慢懂事，明白父母也是爱他的。但事实上，童年的不安、被抛弃、被忽略、不公平的感觉会跟随孩子一生。

不同年纪的孩子，对世界的认知是完全不一样的，我们必须用适合他们的方式与他们沟通，才能真正化解老大和老二的矛盾，才能最大限度地降低二胎的到来带给老大的伤害。

在遗传家教的线下课程中，我帮助很多二胎妈妈解决了这个问题。接下来，我就告诉大家"二胎育儿"的三大法宝。

父母对二宝的拥抱、亲吻、摸脸等亲昵动作都会让老大产生醋意，时间长了甚至会产生嫉妒情绪。这时，父母要同时或者单独抽出一分钟，把这些动作对着大宝再做一遍，他就会觉得你给了他足够的爱。给二宝喂奶的时候，可以让大宝从后面搂着你；亲二宝的时候，也要亲一下大宝；左手抱二宝的时候，右手顺手把大宝也搂过来；或者就是喊一声：大宝过来亲亲抱抱喽。让他知道你没有忽视他。老大拥有爱，才能传递出爱。

读绘本的时候跟老大说："妈妈想给你读绘本，你来挑一本自己喜欢的吧！"阅读过程中可以问孩子一些问题，老大只要回答了，就可以对老二说："哥哥回答得很认真哦，也很有自己的想法，哥哥真的太棒了，我们跟哥哥学习，像他一样厉害好不好？"然后再对老大说："弟弟现在还不会，你一定要教教弟弟，让他和你一样什么问题都会回答。以后有空我们就一起给弟弟读绘本吧！"

告诉老大，他是弟弟/妹妹的偶像，他做什么，老二就会做什么。他是你的跟屁虫，你做好了，他学会了就不会总是破坏你的玩具，搞得你生气。让老大真的有一种"当老大"的感觉。

在生活起居上可以让老大来帮忙，帮老二穿鞋、穿衣服，等等。让老大有当英雄的感觉，老二也一定会去模仿。流动的爱就是父母将爱传递给大宝、二宝，让大宝参与到二宝的教育中，孩子之间的爱就会互相流动起来。

虽然小宝的到来会让家长非常忙碌，睡眠时间变少，但是妈妈们还是要特别留出单独的时间陪伴大宝。

在这一时间内，可以进行有效的主题活动：搭积木、玩乐高，从大宝最感兴趣的事情入手，或者还可以在某一天突然兴奋地对大宝说："宝贝儿，你知道吗？我们常去的公园增加了一个游乐项目，周末咱俩一起去玩好不好？"

让大宝感受到即使有二宝在，自己和妈妈之间也是有独处空间的。在妈妈的心目中，他依然是独一无二、无人替代的。等孩子们的年龄再大些，可以每年拿出几天时间单独带大宝去旅游。这样做除了让大宝感受到母子间的亲密，也能给大宝带来独享的安全感：就算有了弟弟妹妹，我也依然是妈妈的宝宝呢！

再懂事的孩子也会闹矛盾，更何况是两个天天见面的小孩子。而且，就算父母再公平，两个孩子依然会觉得你偏心。那究竟怎样做才能做到不偏袒呢？

首先，我们需要控制自己的情绪，不发火，接纳孩子在冲突中所产生的情绪。先对稍微懂事的大宝说："我知道你和弟弟吵架了，你现在有点委屈，可以哭一会儿。"同时拥抱一下他，再以尊重的态度分别聆听每个孩子的解释，给孩子阐述自己立场的机会。最后要引导孩子在矛盾和冲突中看见自己应该承担的责任。

我们可以这样说："你们能说一说为什么吵架吗？可以说说各自的理由，不过要一个一个来，谁先说？"当孩子解释完，可以这样引导他们："现在你们之间出现了矛盾，这件事需要你们自己解决，你们觉得怎么解决自己才会满意啊？"

父母一定要问孩子想怎样解决，表达出对孩子们的信任，相信他们能找出一个双方都能接受的解决方案。如果孩子没有给出解决办法，就要对孩子说："既然你俩都没有解决办法，那我就找一个公平的办法来解决你们俩的矛盾啦，这样你们俩就不能有意见了哦！"

这个时候绝对不能说让老大谦让老二的话，因为老大也是孩子，他也需要父母的肯定和支持。如果因为有了老二，老大就总是挨批评，他只会对老二心生怨恨。这也是偶尔有老大伤害老二的事情发生的原因。处理二人矛盾时，父母不要当判官，而是要创造机会引导他们自己解决问题，实在不行的时候，父母再出面。如果是老二错了，一定要在老大面前给老二定规矩，让大宝明白，妈妈并不是对他一个人有要求。

我们希望大宝和二宝关系好，一定要先给大宝足够的爱，这样他自然能真心喜欢二宝；其次，一定要记住大宝也是孩子，要花时间单独陪伴他；第三，不偏袒地处理两个孩子的矛盾。公平的爱被看到，孩子的手足情就会自然地建立起来。

隔代教育，爷爷奶奶也可以科学带娃

当记者问年轻父母"隔代育儿有没有问题，会有哪些问题？"时，排在前边的几个问题让人大跌眼镜，竟然都是些什么饭菜放不放盐、孩子穿多少衣服、孩子能不能吃零食、太冷或者太热时要不要带孩子出门、孩子哭了要不要满足孩子的无理要求等看起来鸡毛蒜皮的小事。

你会发现，父母对隔代育儿的担忧没有一个是大问题。但一位妈妈的话却道出了所有妈妈的心声。她说："虽然没有大问题，但是从早上睁开眼到晚上闭眼，每一分钟都有可能出现分歧。跟老人较真儿吧，也不是什么大问题。不较真儿吧，又担心孩子毁在隔代育儿上。"

慢慢地，这些分歧不再是单纯的育儿问题，而是演变

成了家庭的长期矛盾，最直接的坏处是影响了孩子的成长。

教育孩子时，如果我们总和长辈斗智斗勇的话，通常会进入两个误区：

1.你管不了公公、婆婆，也管不了爸爸、妈妈，那就随他们去吧，把责任转移到长辈身上。

2.你没有能力说服长辈，你是被迫放弃孩子的教育权的。

无论是主动还是被动，教育孩子都是父母的责任。你可以放弃玩乐的时间，但绝不能放弃孩子的教育权。换句话说，我们要拿回自己作为家长的权利，只有这样，才能从本质上避免孩子被错误的育儿方法伤害。

我不认为长辈与我们之间有巨大的差异，因为我们都有一个共同的目标，那就是希望孩子有一个好的未来，而矛盾的点则通常是我们都在用自以为对的方式爱孩子。

基于这个认识，你会发现很多问题都可以解决。我们要做的不是说服父母、让他们知道他们错了，而是要告诉他们，在新的时代，教育孩子也要与时俱进。你和他们一样，都要学习新的育儿方法，只要这样，才能更好地教育孩子。

与老人沟通时，可以试试下面三个方法：

一开始就真诚地邀请老人参与教育孩子，但是要跟老人做好明确的分工。如果你是全职妈妈，你可以这样跟老人说："妈，我来带孩子吧！孩子需要没日没夜的照顾，天天熬夜太伤身体。您就做三餐行吗？您忙完的时候如果还有精力，可以在孩子哭的时候帮忙照顾下孩子！"要注意，我们不是只让长辈做饭，不让他们接触孩子。

职场妈妈可以这样对老人说："妈，白天我上班全靠您带孩子。晚上我下班回来，您就好好休息，我们小两口来带孩子。您晚上睡个好觉，否则我过意不去。"老人吃完饭就可以休息了，不要再围着孩子转，这既能让老人休息，也避免了老人的全程陪伴。不过，这对新手妈妈来说会有些辛苦，但为了孩子的后期教育，在一开始就坚持原则还是很有必要的。

这个方法是说不要因为芝麻丢了西瓜，吹毛求疵地看老人教养孩子时，我们常常看不到老人更大的付出。比如我们只觉得老人做饭不好吃，却忘了她每天都在做饭。

我们要知道，老人没有义务帮我们照顾孩子。就算是我们自己，照顾孩子时也会出现很多问题，因此一定要对老人表达感谢和赞美。我建议大家借孩子的口说话，如用孩子的口吻说："宝贝今天特别开心，我们必须要谢谢奶奶呀！咱们今天让奶奶给我们煮面条吧！今天吃一碗煮得软软的面好不好？"这段话看上去好似没什么，其实里边包含了我们的要求——软软的面条。用长辈能接受的方式，在肯定他们付出的前提下，积极地沟通。我相信这个办法可以让我们获得想要的结果。

有的父母工作特别忙，可能会常常出差，少则一两周，多则甚至以月、年计。所以，有很多家庭都是老人长期带孩子的。这样的父母要有一个心理预期，那就是孩子可能与老人更亲密，这是不争的事实。

成年人的世界有很多社会压力，为了养家而迫不得已地与孩子分开，无论是生存还是情感，我们都不想放弃，却往往被逼着二选一。在孩子的成长过程中，他的安全感必须由一个人给予，这个人如果不是你，就会换成其他与之亲近的人，即孩子的姥姥或者奶奶。这个女性会成为孩子心目中妈妈形象的心理认同。

如果我们已经缺席了孩子的成长，就一定不能在孩子面前攻击老人：你看你姥姥怎么怎么样，你看你奶奶怎么怎么样……这就像是在跟孩子说：你信任的人是一个不好的人。你信任的人，妈妈不喜欢她。这样当着孩子的面指责长辈，只会让孩子加速疏远你，同时也会让孩子的价值认识体系出现混乱。

无论我们怎么看待老人的育儿方法，都不能排斥的一点是：老人和我们一样爱着孩子，他们甚至比我们更期待孩子成才。也许他们会在育儿过程中使用很多不得当的方法，但我们应该耐心地告诉他们。他们不是保姆，而是你的父母，他们会百分之百地爱你的孩子，甚至会忘掉自己。跟他们好好聊一聊，隔代育儿绝对没有问题。

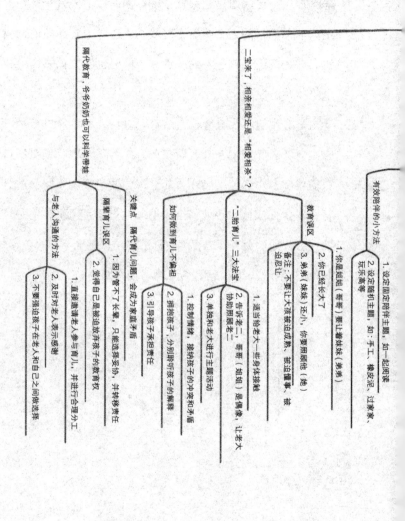

有效陪伴的小方法
- 1. 设定固定陪伴主题，如：手工、橡皮泥、过家家、玩乐高等
- 2. 设定随机陪伴主题，如一起阅读

二宝来了，相亲相爱还是"相爱相杀"？

教育误区
- 1. 你是姐姐（哥哥）要让着妹妹（弟弟）
- 2. 你已经长大了
- 3. 弟弟（妹妹）还小，你要照顾他（她）
- 备注：不要让大宝被迫成熟、被迫懂事、被迫忍让

"二胎育儿"三大法宝
- 1. 告诉老大，哥哥（姐姐）是偶像，让老大协助照顾老二
- 2. 告诉老二，哥哥（姐姐）是偶像，让老大协助照顾老二
- 3. 单独和老大进行一些身体接触

如何做到育儿不偏袒
- 1. 控制情绪，接纳孩子的冲突和矛盾
- 2. 拥抱孩子，分别聆听孩子的解释
- 3. 引导孩子承担责任

隔代教育，爷爷奶奶也可以科学带娃

关键点
- 隔代育儿问题会成为家庭矛盾

隔代育儿误区
- 1. 因为辈分不了长辈，只能选择实协，并转移责任
- 2. 觉得自己是被迫放弃孩子的教育权

与老人沟通的方法
- 1. 直接邀请老人参与育儿
- 2. 及时对老人表示感谢
- 3. 不要强迫孩子在老人和自己之间做选择

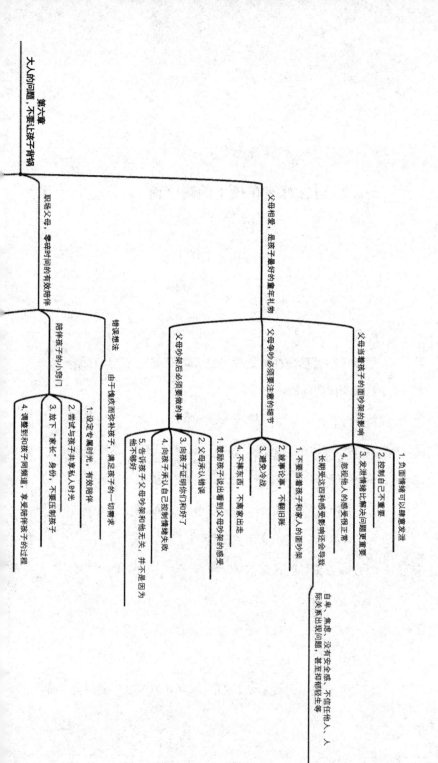

第六章 大人的问题，不要让孩子背锅

父母相爱，是孩子最好的童年礼物

父母当着孩子的面吵架的影响
1. 负面情绪可以降低要发泄
2. 控制自己不重要
3. 发泄他人的感受得正常
4. 忽视这四种感受影响

长期要这四种感受影响还会导致 自卑、焦虑、没有安全感，不信任他人，人际关系出现问题，甚至抑郁终生等

父母吵架必须注意的细节
1. 不要当着孩子和亲人的面吵架
2. 就事论事，不翻旧账
3. 避免冷战
4. 不摔东西，不赶家人出走

父母吵架后必须做的事
1. 鼓励孩子说出看到父母吵架的感受
2. 父母承认错误
3. 向孩子证明你们和好了
4. 向孩子承认自己控制情绪失败
5. 告诉孩子父母吵架和他无关，并不是因为他不够好

错误做法
由于愧疚而补偿孩子，满足孩子的一切需求

职场父母，零碎时间的有效陪伴

陪伴孩子的小窍门
1. 没定专属时间，有效陪伴
2. 尝试与孩子共享私人时光
3. 放下"家长"身份，不要压制孩子
4. 调整到和孩子同频道，享受陪伴孩子的过程

第七章

别急着站在孩子的对立面

熊孩子的背后是释放天性还是无理取闹——如何终结孩子打滚胡闹的坏情绪

如果孩子不分场合地耍赖——连哭带闹、满地打滚、声嘶力竭地哭喊，相信很多人都会立时抓狂。有人建议，这样的孩子就让他哭好了，不用理他。哭久了，他就会自己停下来。确实，孩子会停止哭泣，但他能明白你为什么拒绝他吗？孩子只会认为妈妈不喜欢自己，而不会理解你背后的用心。

教育的真正目的是让孩子学会举一反三，而不是在同一件小事上不断地犯错。怎样合理地解决孩子的无理取闹，既能适时地拒绝他，又让他明白被拒绝的理由，并不是一件容易的事。

在遗传家教中，我始终坚持的一点就是不仅要解决当下的问题，还要解决未来的问题。通过问题的解决，让孩子拥有解决同类问题的能力。只有这样，我们才能从根本上解决孩子的无理取闹。在解决这个问题之前，我们需要弄清楚孩子为什么会无理取闹？是你做了什么，孩子才会无理取闹吗？先了解无理取闹的原因，再去解决这个问题，才会取得事半功倍的效果。

孩子无理取闹时，我们可以使用以下几种方法：

有一个男孩，不想上幼儿园。不管妈妈怎么劝说，他都不听，于是，妈妈拍了一张照片发给我，不断地追问我该怎么办。我说："首先，不要反复跟孩子强调为什么不想上幼儿园这个问题，先转移他的注意力。"接着我又对她说："要对孩子说你的迷彩服这么漂亮，你难道不想跟小朋友炫耀一下吗？等炫耀完了，你再回家好不好呢？"她照我说的做了，孩子听完妈妈的话，直接蹦起来说："要去要去。"到了幼儿园门口，孩子说："妈妈再见，晚上早点来接我。"于是，这件事就这么结束了。

孩子闹情绪一定有他的目的，我们千万不要被孩子的情绪带着走，而是要找到孩子的兴趣点来转移他的注意力。毕竟是孩子，总有其他兴趣爱好可以利用，转移了注意力，父母也更容易解决孩子的耍赖问题。

我非常希望每个爸爸、妈妈都能学会这个办法，因为只有这样，才能从根本上解决孩子的无理取闹问题。当孩子开始哭着耍赖时，父母一定不能不把它当回事，相反，我们要蹲在孩子旁边——切记，不能是孩子的对面！

因为对面更像敌对关系，而旁边则更像朋友关系。父母要尽量温柔地抚摸孩子的后背或者其他孩子喜欢的位置，告诉孩子说："我知道你现在有点难过，所以才哭得这么委屈。你可以再哭一会儿。"这句话的目的不仅仅是共情，还是对孩子表态：我接受你的情绪。

然后，再对孩子说："等你不哭了，咱俩再来商量这件事怎么解决。如果你能说服我，我可以接受你的建议。"这句话的目的是通知孩子，哭解决不了问题，他还是需要面对这件事。妈妈会等他。当孩子停止哭闹后，我们才正常地解决问题。只有这样，未来孩子才不会再做出通过耍赖逃避责任的行为。

这个办法适用于父母已经尝试过转移孩子的注意力，却依然无法与他沟通的情况。这时候可以使用感同身受的办法，用耍赖来要求孩子。比如晚上孩子说饿了，你就说：

"我要看完电视再做饭。"

无论孩子怎么央求，你都不要去做饭，而是告诉他说："下午的时候，你耍赖了，那为什么我不可以耍赖呢？"家长用这一行为告诉孩子：你可以做，我也可以做。然后对孩子说："既然你让我去做饭，我就去，我不耍赖，但是下次你也不许耍赖！"有时候，感同身受是最好的教育手段，说再多都不如让孩子自己感受一次。

无理取闹看上去是孩子的问题，其实很多时候也是父母的问题。如果孩子第一次无理取闹没有取得他想要的结果，那它就不会成为孩子的技能。我们要解决的，不仅仅是孩子的无理取闹，更是我们没原则的妥协。建立家庭底线，拒绝孩子不合理的无理取闹才是真正解决问题的方法。

分离焦虑：与孩子开心告别，即使妈妈不在，孩子也可以安全感十足

每年幼儿园开学季，热搜就会被孩子的父母刷屏。尤其是那些新入园的孩子家长，更是格外担心和焦虑，怕孩子无法适应陌生环境，怕孩子受委屈，怕孩子不想上学，怕孩子承受不了学习的强度……

在解决焦虑之前，我们要先了解什么是焦虑，什么时候会出现分离焦虑。

焦虑是对亲人或自己生命安全、前途命运等无法掌控的事情过度担心而产生的一种烦躁情绪，含有着急、挂念、忧愁、紧张、恐慌和不安等成分。

哺乳期后第一次上班、出差、生病隔离、公园走散、父母离异、入园、开学、住宿、第一次旅行、上大学、结婚、父母离世……在以上情形中常常会出现分离焦虑。

每一次分离都代表孩子迈入新的人生阶段，孩子一生要经历四个重要阶段的分离：第一阶段是母体分离，第二阶段是开学分离，第三阶段是婚后分离，第四阶段是父母离世分离。在我们的一生中，开学分离因为重复次数最多而显得格外重要。我们将着重从新入园的焦虑和假期后回校的焦虑这两个角度来分析。

对新入园的孩子，我们有三个方法帮助他缓解焦虑：

第一个方法：加强安全感训练。孩子刚入园，难免会哭几天。他哭的原因仅仅是因为周围没有家人，没有安全感，这时候增强孩子的安全感就尤为重要。

所谓安全感，就是某个人觉得当下所处环境是安全的、没有危险的、值得信赖的。因此孩子入园前，父母可以先带孩子去熟悉一下校园环境，并且告诉孩子爸爸妈妈已经检查过你上学的环境，非常安全。现在的幼儿园一般都有在开学前认识老师的环节。父母要让孩子明白，自己身边的人、事、物都是爸爸妈妈熟悉和认可的，这样孩子才会产生信任感。

对新入园的孩子，父母一定要注意两个细节，一是千万不要在孩子进门后还粘着他，泛滥的情感陪伴不容易让孩子转移安全感对象。第二个细节是孩子放学后不能给他物质补救，这样做会让孩子误认为放学就要有物质奖励，这可能会让他走入新的误区。

第二个方法：不要夸大分离焦虑。很多时候，孩子的焦虑是从父母那里来的。其实很多孩子在真正入园前不会感到焦虑，但很多父母会忍不住跟孩子说："你千万不要害怕啊！""要是被欺负了，就立刻告诉妈妈。"这些话给孩子传递的信息就是幼儿园是一个令人害怕的地方，在幼儿园会被欺负。还有的父母会直接跟孩子表达自己的焦虑和担忧："就算见不到妈妈，妈妈也是爱你的！""你不要哭哦！"这些重复性的表白刚好证明了父母的担忧，而这么明显的担心则会让孩子产生不安，焦虑也会随之而来。

与其让孩子紧张不安，不如提前跟孩子做分离练习。比如跟孩子说好自己要出门半天，但会在约定的时间回来。让孩子逐渐明白和相信无论你们分开多久，都会在约定的时间再见。这样就能大大减弱孩子的焦虑。

第三个方法：引导孩子释放坏情绪。孩子有分离焦虑是很正常的事情，家长首先要接纳孩子的情绪，然后引导孩子释放坏情绪。比如孩子第一天放学回家，可能刚见到你就会哇哇大哭。这时，你要做的就是抱着他，安静地听他哭，偶尔说句："想妈妈了吧？"切记不要阻止孩子："别哭啦，怎么见到妈妈了还哭？"我们要明白，孩子哭是在释放妈妈不在身边的委屈，我们一定要看见并接纳孩子的这种行为。

兴奋消息肯定不会包括新学期你将为他报培训班这种消息。如果父母不断地唠叨孩子上学期的缺点和成绩，顺便对他的新学期寄予厚望，那么这种无形的压力会让孩子产生严重的焦虑。与其让孩子在痛苦中开始新的学期，不如让孩子高兴地归校。给孩子准备好玩的文具盒、漂亮的书包、彩色的铅笔……总有东西可以激起孩子的"兴奋劲儿"。只要你愿意，总可以找到让孩子着急回学校跟其他小朋友"炫耀"的动机。父母要注意，这些做法只能在开学前四五天的时候。给早了，孩子的新鲜劲就过了；给晚了，孩子上课的时候一定会分心研究这些东西，反而会耽误孩子学习。

快开学时，很多妈妈认为开学之后孩子压力会很大，会让孩子多休息几天，肆意地放纵，开学时就能以更好的状态投入学习。在这个过程中，父母还会不断地给孩子倒计时：还有五天就开学了！还有两天就开学了……表面上看是我们在关心孩子，其实这些行为对缓解孩子的焦虑没有任何帮助。

因为倒计时本身就有很强烈的压迫感，开学前的放纵也很难让孩子收心。要想让孩子更好地适应身体生物钟，我们可以在开学前一到两周的时间，每天带孩子去菜市场转转，或到楼下运动一下，让孩子开始习惯早起。这样，开学的时候，孩子的身体生物钟也会很容易与学校的节奏契合，减少开学焦虑。

其实孩子与我们的每一次分离，都是一次破茧而出的成长蜕变。分离焦虑不可怕，建构孩子的安全感才是最重要的！用对了方法，不管你的孩子是刚刚上幼儿园，还是已经上小学甚至初中，我们都可以帮他在最短的时间里度过焦虑期。

三个小方法，让孩子爱上吃饭

有时候，我们看到一家人围着娃其乐融融、幸福满满，但一到饭点儿就恨不得全家总动员一起伺候孩子，比打仗还要辛苦。奶奶追着孩子满屋子跑，妈妈求着问："你今天想吃啥呀？"爷爷连哄带骗，求着孩子再吃一口，爸爸在那里假装生气，恐吓孩子赶紧再多吃一口……在这场战争中，孩子吃不完，大人也基本吃不消停。

为了让孩子吃饭，家长们常常任凭孩子点餐，只要他说爱吃什么，就想尽办法满足孩子。但事实却常常很让人失望和沮丧，因为到最后孩子的挑食也几乎没有任何改善。

其实这些问题，包括孩子的挑食，都是父母造成的。父母口中那些"挑食"的孩子，在我的幼儿园里一个也没有。我所做的，只是按照营养配餐要求孩子必须吃掉固定份额的餐而已。父母要想改善孩子吃饭的问题，可以使用下面的3个妙招。

吃饭应该是一件幸福的事情，但如果你家孩子挑食，那对他来说，吃饭也许就没那么幸福了。孩子吃饭时，你会不会说"来，就吃一口！"面对孩子不喜欢吃的食物，你是不是常说这句话？

我们就是这样，把吃饭这件幸福的事情变成了针对孩子的酷刑。如果总是被逼吃饭，即使是我们也没办法爱上吃饭吧！

所以，面对孩子的挑食，我们需要先有个底线——不能因为孩子不吃东西就改变全家人的菜单。即使做的菜孩子不爱吃，父母也不能一味妥协，否则孩子只会变本加厉。父母坚守住底线，就可以做下面的几个尝试。

如果孩子不爱吃鸡蛋，早上煮鸡蛋时，除了孩子，可以每人一个。记住，不要提前告诉孩子他没有鸡蛋。早餐结束后，大家要一起评论说鸡蛋超级好吃，不管孩子此时有什么反应，都不要太在意，其他的话也不需要多说。

接下来几天，只要家里吃鸡蛋，父母就这么做，直到孩子问"为什么不给我鸡蛋"时，就骄傲地回答他："你不是不爱吃鸡蛋吗？所以我才不给你煮的。"

相信我，过不了多久，孩子就会跟你提要求，必须给他煮鸡蛋。因为对孩子来说，我可以不吃，但如果是你不给我吃，那我就吃亏了。这时候的鸡蛋更像是战利品，是他自己争取来的结果。

人只有亲自参与某件事才会有切实的成就感，所以为孩子准备食物前，我们可以先问一问孩子的意见，看看他想吃什么。如果可以，最好能带他一起去选购食材。这时候要引导他："宝贝儿，你要多挑选一些全家人都爱吃的食物哦！"

如果今天的菜是孩子自己选择的，强烈的参与感与做决定的成就感会让他对饭食充满期盼，当然也就更愿意接受这些食物。这时候还可以引导他，哪些食物更有营养，可以搭配着选购，哪些食物不利于健康，不适合孩子吃。

回家准备食物时，可以让孩子参与洗菜。尤其是那些他不爱吃的蔬菜，一定要让他亲手洗干净。如果孩子不爱吃木耳，可以让他亲自看木耳变大的过程，最后还要让孩子帮忙准备餐具。一起做饭不仅能增进亲子间的互动，还能为餐桌带来更多的乐趣。简单说就是"我参与了才知道自己有多厉害"，这种成就感带来的愉悦也会让孩子对不喜欢的食物网开一面。

逼孩子吃东西肯定行不通，但我们可以使用一些小技巧，让孩子对食物更有兴趣。一个妈妈说他家孩子很不喜欢吃芹菜，有一次我去她家，跟她一起做饭。主食做馒头，我让妈妈故意用夸张的语气说"做得太好了！"不一会儿，孩子便被我们的对话吸引到了厨房，问我们在做什么。我拿出一个馒头，是花盆状的，但是很小，跟饺子差不多，里边插着一截芹菜和一段胡萝卜，所以看上去就像一盆花。我对孩子说："这可是我做的盆栽馒头，你要吃吗？我也可以给你做一个。"

我相信这时候大部分孩子都会兴奋地答应，然后要求一起制作。吃饭的时候，我用了一个漂亮盘子装上我俩做的花盆，刚端上桌子就受到了全家人的夸赞。我跟孩子象征性地对碰了一碗汤来庆祝，并对他说："咱俩一人吃一个花盆，要一口吃掉哦！"就这样，孩子把芹菜吃掉了。

当全家人都在惊讶孩子吃了芹菜时，孩子已经拿起了第二个。食物改变造型后，虽然还是熟悉的味道，但对孩子而言，它已经变成了"新"的食物，孩子自然会对它产生兴趣和期待。

很多时候，孩子只是暂时对某些食物没兴趣，他们需要适应的过程。其实，只要方法对了，将孩子不待见的食物变得可爱，孩子就会觉得吃饭是一件幸福的事。家长们不妨现在就试试吧！

父母学会示弱，孩子才会越来越强

不知你是否跟我有同样的感受：现在的孩子似乎比我们那一代人要脆弱很多？比如小朋友因为写不完作业而一直哭；面对大朋友时总是不敢讲话，导致被欺负；面对困难时畏畏缩缩，总是躲在妈妈的身后不愿尝试新事物；就算跟别的小朋友一起搭积木，也需要父母帮忙才能完成……更不要说害怕天黑、害怕一个人上厕所了，很多家长都困惑，为什么自己的孩子那么懦弱、胆小，一点儿都没有自己当年的风采？

有没有什么办法能帮助孩子强大一些呢？为了达成这个目的，很多父母会选择一些极端的方法，比如强迫孩子去冒险，他们认为只要突破了孩子的胆量限制，他就能变得更强大。殊不知，这种做法完全忽略了孩子的心理健康，最终结果很可能是孩子没有变强大，反而留下了影响终身的不可逆的创伤。

父母之所以这样做，是因为他们并不了解孩子的成长状态，甚至不了解孩子的成长模式，只是草率地用别人家的方法来教育孩子，失败的概率当然高。

只有找到适合你家孩子的方法，他才能真正地变强大。"遗产家教"中有一个常用的方法——"用你的示弱换回孩子的强大"。为什么是示弱？我们不是要给孩子做一个好榜样吗？榜样怎么能示弱呢？

这里的示弱并不等于弱者。我们示弱是为了给孩子创造机会去体验，体验过之后，才会经历新的成长，这样他们才会变得真正强大。

有一位妈妈很害怕蟑螂，哪怕是很小的一只，她都会吓得惊声尖叫。有了孩子后，她觉得应该为母则刚，给女儿做个好榜样。所以她从不在女儿面前表现出害怕蟑螂的样子。

有一天，她与女儿一起做饼干，当她打开盆子时，忽然发现里边有一只蟑螂，但她什么都没说，想悄悄把盆扔掉。但是晚了一步，女儿看到了。她原本以为女儿也会很害怕，却没想到女儿快速地跑过去，一脚把蟑螂踩死了。

还没等妈妈反应过来，女儿就骄傲地对妈妈说："妈妈你怎么那么胆小？如果以后再遇到蟑螂，你就喊我，我帮你处理！"通过这件事，这位妈妈发现，在孩子面前示弱可以让孩子变得更勇敢。孩子不仅不会害怕，还会更愿意帮助妈妈，保护妈妈。当孩子感受到妈妈也需要自己的保护时，他自然会想让自己变得强大。

孩子虽然看着弱小，但其实他们具备很多能力，甚至可能比成年人更加厉害。在一次线下课程中，一位妈妈给我讲了她家发生的故事。有一天家里来了客人，临走时妈妈给客人准备了很多伴手礼，但无论妈妈怎么安排，都没有办法将所有东西都放进一个盒子里。

这时，女儿对妈妈说："妈妈，你可以把最小的盒子和蓝色的盒子一起放进去，这样就能放下了。"妈妈不耐烦地看了她一眼，并没有理会孩子的建议。她又捣鼓了半天，最后决定换一个大点儿的盒子。但当她抱着大盒子回来时，却发现所有的礼物已经完美地装进了盒子里。

妈妈问女儿："你拿出了什么东西吗？"孩子说："没有啊，我只是把那个小盒子和蓝色的盒子一起放进去了。"妈妈听完，不得不佩服孩子的观察力，拍拍女儿的头说："对不起，我刚才应该听你的建议，你对空间感的把控可比妈妈强多啦！"

适当示弱更容易激发孩子的自信。父母向孩子示弱与求助，有助于父母与孩子共同成长和学习，也能让孩子更愿意学习新技能并增强自信心。对孩子来说，他从中收获的最重要的信息是：遇到不会的东西，可以直接跟别人学习。不断学习的精神也会让孩子越来越自信，让孩子的成长之路更顺畅。

笨拙，并不是真的笨，也不是偷懒，而是在原本属于孩子的事情上，父母表现出笨拙的样子，让孩子自己去解决问题。这些事情通常都是需要孩子自己主动去学、主动去做的事情：比如收拾书包、自己吃饭、自己穿衣服……成年人如果能适时地表现得笨拙，就会让孩子自己负起责任。

我嫂子在我侄女上学的第一天，就对她说："老妈几十年没上过学了，不知道现在的孩子怎么整理书包。而且你的书那么多，我都分不清！以后，你的书包就只能靠你自己整理了，老妈帮不上你什么忙，要是你需要我来协助你检查，可以告诉我。"因为还处在上学的兴奋期，侄女听了嫂子的话后毫不犹豫地点点头，从此我嫂子就再也没有操心过小侄女的书包整理问题。

如果你家孩子已经习惯由你帮他准备书包，你可以故意遗漏一些东西甚至课本，等孩子回家后，如果他跟你生气，你就可以委屈地对他说："收拾书包是你自己的事情，自己的事情当然是自己做才会做得更好喽！以后宝宝你自己准备书包吧！"借着这个机会，我们就可以顺势将属于孩子的责任还给他！但不要忘记，要及时地夸奖孩子的进步，以此类推，逐个击破孩子依赖性较强的行为，让孩子真正长大。

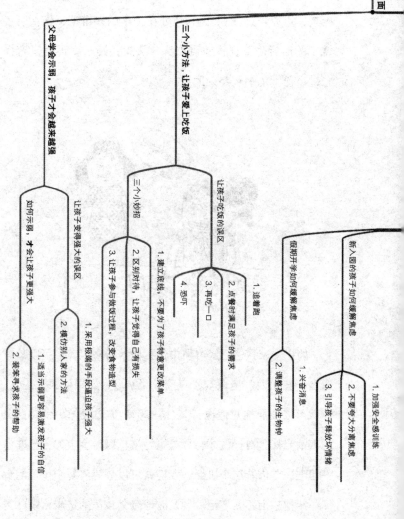

三个小方法，让孩子爱上吃饭

让孩子吃饭的误区

1. 追着跑
2. 点餐的满足孩子特意改来的需求
3. 再吃一口
4. 恐吓

三个小妙招

1. 建立底线，不要为了孩子觉得自己有特权
2. 区别对待，让孩子觉得自己有特权
3. 让孩子参与做饭过程，改变食物造型

父母学会示弱，孩子才会越来越强

让孩子变得强大的误区

1. 采用极端的手段逼迫孩子强大
2. 模仿别人家的方法

如何示弱，才会让孩子更强大

1. 适当示弱更容易激发孩子的自信
2. 寻求帮求孩子的帮助

新入园的孩子如何缓解焦虑

1. 加强安全感训练
2. 不要夸大分离焦虑
3. 引导孩子释放坏情绪

假期开学幼儿如何缓解焦虑

1. 兴奋消息
2. 调整孩子的生物钟

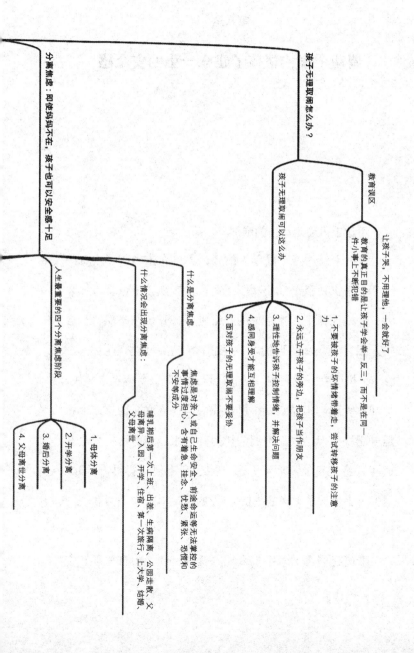

孩子无理取闹怎么办？

教育误区
让孩子哭，不用理他，一会就好了
教育的真正目的是让孩子学会举一反三，而不是在同一件小事上不犯错

孩子无理取闹可以这么办
1. 不要被立于孩子的坏情绪带着走，尝试转移孩子的注意力
2. 永远立于孩子的旁边，把孩子当作朋友
3. 理性地告诉孩子控制情绪，并解决问题
4. 感同身受才能互相理解
5. 面对孩子的无理取闹不要妥协

分离焦虑：即使妈妈不在，孩子也可以安全感十足

什么是分离焦虑
焦虑是对亲人或自己生命安全、前途命运等无法掌控的事情过度担心，含有着急、挂念、忧愁、紧张、恐惧和不安等成分

什么情况会出现分离焦虑？
哺乳期后第一次上班，出差；母亲节，入园，开学，住宿，第一次旅行，公园走散，上大学，结婚，父母离世

人生最重要的四个分离焦虑的阶段
1. 母体分离
2. 开学分离
3. 婚后分离
4. 父母离世分离

161

第八章

调动全家，帮孩子建立一生的安全感

不让手机偷走孩子的成绩

手机不仅占据了成年人的生活，也夺走了孩子宝贵的童年。手机让孩子轻松获取答案，慢慢地孩子也就不再思考；手机让孩子活在虚拟的网络世界，开始忽略现实社会的人际交往。最重要的是，手机剥夺了孩子的学习能力。

手机改变了我们的生活，让讯息的获取变得越来越快，但却让大脑越来越懒。手机让我们与他人联系的速度变得越来越快，但是我们沟通的能力却越来越差。这些变化在成年人身上可能不明显，却在孩子身上展现得淋漓尽致。他们身上出现了太多的手机"后遗症"，成绩下滑只是能力退步的表现之一。

难道我们真的拿手机毫无办法吗？我觉得首先要正视

玩手机这件事。不是不让孩子使用手机，而是让他合理地使用手机，让手机提升孩子的能力，而不是影响孩子的发展。

手机会极大地破坏孩子的专注力。就拿写作业来说，孩子总有一百个理由中途拿起手机：要上网查资料，然后就被闪过的推送信息吸引了；要问同学今天留了什么作业，然后就开始一起吐槽老师，聊八卦；嫌弃环境嘈杂，美其名曰听音乐隔绝世界，身体却不由自主地随着音乐摆动起来……孩子看起来很努力，却永远也写不完作业。手机除了破坏孩子的专注力，还逐渐让孩子失去了深入思考的能力。

我们要做的，首先是理解和接纳。如果一开始就站在孩子的对立面，那之后就很难解决问题了。

我们要去了解孩子是被什么吸引了，那个东西真的很有意思吗？如果你也对其有所了解，那就与孩子多了一个共同话题。比如，孩子喜欢听手机里的音乐，你也可以尝试听一听，请孩子说一下这个歌手和这首歌的故事，这样一来，不仅可以跟孩子亲子互动，还可以深入了解孩子。当亲子关系不再对立，而是统一后，我们提出的建议就更容易被孩子采纳。

还有一个办法，就是活动倒计时。告诉孩子你们活动的具体时间，让孩子在有限的时间把作业做完。只要你的活动够吸引他，相信他肯定可以把作业做完，不过我们也要看作业的质量，以防孩子为了赶时间不认真写。用有趣的活动慢慢地训练孩子的专注力，但一定要记住，孩子的专注力不是一天丧失的，也不是一天就可以解决的，千万不要操之过急。

我曾问过孩子们会在课余做什么，有两个初中生说："小学三年级以后就没有课余生活了。""除了可以玩点儿游戏，别的什么也干不了。"听到这里，我有些心酸，现在的孩子竟然没有游戏之外的选择了。

时间被课程大面积地占据，没有课余时间跟同学们东跑西颠了，剩下碎片化的时间只能见缝插针地拿起手机，玩上一把，而一拿起手机就再难放下。越玩越想玩，没了学习兴趣，最终成为手机上瘾患者。

罗振宇在2018年跨年演讲中说："《王者荣耀》要求在十分钟内就有一个兴奋点，而吃鸡游戏则是三分钟就要有一个兴奋点，甚至追求一分钟就要有一个兴奋点。"说白了，就是让你一玩游戏就停不下来。如果你停下来，那就是游戏制作者的失败了。

到底是你聪明，还是游戏制作者聪明？他们是一个团队，孩子不过是未成年人，怎么可能是他们的对手？别人在课下拼命学习，你却在找尽时机、想尽办法地熬夜玩手机；别人在课堂上专心听讲，你却在胡思乱想、打盹闹瞌睡；别人下课或休息或准备预习，你却兴奋地跟同道中人聊起升级打怪，手痒心难耐。谁能考出好成绩，还用说吗？

作为父母，我们必须挤出时间，给孩子指条明路。孩子有了方向感，才不会再沉迷于手机。一位高中老师统计发现，学习乐器和艺术的孩子对手机游戏的沉迷度要远远低于其他孩子。

因此我们可以慢慢培养孩子一些兴趣爱好，书法、乐器、绘画，或者乐高、模型、武术、健身、轮滑等，孩子喜欢的任何项目都可以。先改变孩子的兴趣，他才会为了新的兴趣放下手机。我们也可以跟孩子一起运动、阅读、爬山、旅行……只要有时间，就可以进行更多方面的尝试，占据孩子玩手机的时间，慢慢地，手机对孩子的吸引力就小了。

如果我们都整天打游戏或者在孩子面前无所事事地玩手机，再怎么训斥孩子"去，读书去！"你觉得会有效果吗？最好的方式应该是言传身教，我不太相信一个在良好的书香门第中熏陶出来的孩子会沉迷于手机网络不能自拔。

　　我曾经在一个孩子的家里弄了一个"手机筐"，就在门口玄关处，所有人进了家门后就把手机放到筐里，有事情就站在门口解决，谁也不准拿着手机坐在沙发上玩。短短一个月，全家人都改掉了玩手机的习惯。很多时候，榜样比说教更有意义。

　　手机给了我们太多方便，以前孩子有不懂的问题会问父母，父母也不懂就会去问老师，如果老师也不懂，孩子就要自己去努力找答案。现在我们谁也不用问，手机一搜索就可以知道绝大部分答案。答案来得太容易，所以我们不再珍惜。我不否定手机的价值，但更希望能把孩子的专注力、思考能力、学习态度找回来。家长给孩子做一个合理使用手机的榜样，孩子的进步速度会更快。

黑色情绪——培养情商的最佳时机

　　英国曾经做过一个长达五十年之久的情商研究：持续

跟踪一群孩子的婴儿期、童年期和成年期。研究人员发现，那些在幼年时期表现出高情商的孩子，成年后也更容易拥有成功的事业和幸福的生活。这也就意味着，情商与人的成功和幸福是正相关的。

很多家长问我怎样才能训练孩子的情商呢？我的答案是"愤怒"。我认为人在情绪爆发的时候最能展现出情商高低。所以孩子有情绪的时候正是培养情商的最好时机。不过孩子有情绪的时候，我们要做的第一件事是先教他处理情绪，第二步才是培养情商。

处理情绪有两个方法：

如果孩子在你面前情绪爆发，你就要关注孩子的情绪变化，不要全面否定孩子的情绪，先让孩子释放情绪，这样孩子才会释放压力。你可以对孩子说："有了情绪，你可以先发泄一下，然后咱们再好好聊一聊怎么解决这件事。"通过正确的疏导，让孩子具备调节自己情绪的能力。

很多时候，我们知道孩子跟外人闹了矛盾，但因为没有亲身经历，所以复盘就显得格外重要。晚上，我们可以对孩子说："今天的事情既然还没有解决，咱们就来聊一聊，我帮你梳理一下，也许可以找到解决的方法呢！"引导孩子一起复盘。复盘的次数越多，孩子的情商就提高得越快，孩子也就更容易控制自己的情绪。

如果说掌控情绪是心法，那第二步就是提高情商的技法。

如果刚开始做一件事就有人对你说"我都告诉你了，不要这么做，你就是不听"，你会有什么反应？会不会很讨厌这个人？

每个人的学识、财富、地位和经验都不一样，自认为厉害的人很容易说话带着优越感。我们要对孩子说："宝贝，说话要礼貌，'我觉得你的想法不错，我也有一个想法，你也参考一下，做个备选方案吧！'如果你的建议正确，我相信别人会采纳的。"所谓情商高，就是放下优越感。

如果孩子在家里经常要求长辈做事，而且家人又很配合的话，那么孩子就很容易养成命令别人的行为。当孩子逼迫别人去做事的时候，被拒绝的概率一定会极高。比如"你去扫地，你给我去拿书，你别坐在这个位置……"如果换成"请帮我扫一下地好吗？请帮我拿一下书好吗"，加上一个"请"，再加上"好吗"，要求就变成了恳请，就从低情商变成了高情商。

"你怎么那么傻！这事多简单啊，你就先做这个，再做那个，这样才能成功。"明明是给别人出主意，但得到的一定不是别人的感谢。所以我们告诉孩子说："如果你希望帮助别人，就一定要让对方心里感到舒服。否则，即使你是好心，别人也会拒绝你。"让别人舒服，就是情商高。

话说多了，自然会漏洞百出，而听得多就会洞悉话里的玄机。说是传递信息，听是获取信息。只有先获得讯息，再表达想法，出错的概率才会降低。很多情商低的人，经常不等别人说完话就插嘴。

时间久了，人们就不愿意和他讲话了。因为没有一个人会喜欢不善倾听还武断地打断别人的人。

学会面对情绪，学会说让人舒服的话，不随便乱发脾气，更不张口打断别人的话，孩子的情商才会越来越高。

面对冲突——教孩子修复亲子关系

前段时间我看到这样一则新闻：一位上海妈妈和孩子吵架，孩子一气之下，从高架桥上跳了下去，当场死亡。新闻播出后很多人对我说："看来还真不能跟孩子吵架，万一他做了傻事，我得后悔死。"其实很多时候孩子并不是在和你吵架，只是意见不合而已。

情绪激动时，父母说出的话就像刀子一样深深扎进孩子的内心，即使孩子没有做出让我们后悔的事，也会和我们在情感上产生隔阂。很多父母都是因为太过关心孩子，害怕孩子走弯路，才会紧张得想让孩子借鉴自己的经验。

孩子越反抗，父母就越担心，一来一往，孩子直接否定了父母的建议，亲子关系也因此紧张起来。你觉得孩子不懂你的良苦用心，孩子觉得你武断专横。很多父母觉得事情慢慢就会过去了，但我们看到的只是表象，并没有真正解决孩子心底的芥蒂。

和孩子吵完架、发生矛盾，究竟要怎么解决才能让孩子觉得你是开明的父母，不和你日渐疏远呢？在这里，我与大家分享三个可以缓解亲子关系的方法。

和孩子吵完架后，一定要先做一个判断——你究竟有没有错？如果你是对的，只是表达方式和情绪出现了问题，那么就要划分道歉的范围，千万不能丢了底线，否则孩子今后都会认为是你的错，再教育孩子时就会更辛苦。

如果你错了，一定要承认错误。不妨蹲下来跟孩子解释刚才你为什么发脾气，请求他原谅你的冲动，让孩子看到你可以控制情绪，给孩子做个榜样，他也会试着缓和自己的情绪。这时候，你可以对孩子说："妈妈很抱歉，刚刚发了那么大的脾气，有没有吓到你？你现在的心情还好吗？"鼓励孩子说出自己的感受，减少心理伤害。

接下来的任务很重要，就是我们要学会反思：我们究竟为什么那么容易发脾气。如果找到了原因，就尝试解决，虽然未必百分百有效，但至少下次亲子之间有矛盾时，吵架不是唯一的选项。

任何人都有被人尊重的需求，包括孩子。我们可以给孩子一项权利，对孩子说："如果妈妈下次再发脾气，你就摇摇手提醒妈妈'不要生气'，好不好？"和孩子建立一个密语。如果建立成功，就一定要执行，否则孩子只会觉得你说了也做不到，你的形象就会在孩子的心里大打折扣，想要再搞定他就更难了。

如果你的观点确实正确，和孩子沟通完后要马上问孩子："如果下次再发生同样的事，你希望妈妈怎么说，你才会了解呢？或者才更愿意接受妈妈的建议呢？"把问题抛给孩子，用孩子的办法搞定孩子，是最有效的手段。

与孩子和好的最后一步，是不要忘了发自内心地谢谢孩子的原谅。这绝不是口头上的简单敷衍。你可以和孩子勾勾指头，碰碰额头，约定以后都不要用情绪解决问题。通过协商找到最好的办法，而不是觉得别人都是错的。从感谢孩子的原谅开始，每次解决矛盾，都是你和孩子的一次共同进步。

在教育孩子的过程中，即使抱着一颗爱孩子的心，也免不了因生气而对孩子说重话。亲子之间有争执是很正常的，成年人可以快速调节自己的情绪，但孩子却很容易因为你的情绪而受伤。既然矛盾不能避免，我们就尽量减少矛盾，妥善解决矛盾，让你和孩子一起进步，不因为争吵影响彼此的感情。

挫折教育——别举着挫折教育的大旗，做伤害孩子自尊心的事

如果有一天孩子因为看电视换台和我们吵架，最后选择跳楼；或因为别的小朋友不愿意和他玩耍就要杀了对方；或因为老师说"你要努力学习了，这次成绩不太理想"，孩子就选择离家出走……你会觉得可笑吗？听上去似乎离我

们很远，但这些事却真实地发生在我们身边。

现代人的抗挫力似乎越来越弱了，有些孩子甚至都不具备抗挫力。在我们看来稀松平常的小事都可能让孩子崩溃，一蹶不振。于是越来越多的家长意识到"挫折教育"的重要性，开始有意识地培养孩子对抗挫折的能力。但很多家长都走进了挫折教育的盲区和误区，非但没有磨炼好孩子的意志，反而弄巧成拙。

挫折教育并不是先难为孩子一下，再鼓励他那么简单。什么是挫折教育，怎么做才能真正提升孩子的抗挫能力呢？

千万不要走极端。孩子小的时候，我们会因为一点小事儿就夸他半天。后来发现，被过度夸大的孩子容易自信心虚高，遇到点挫折就会很颓丧，根本接受不了失败。这时候你觉得应该打击打击孩子，磨炼一下他，这样他的抗挫能力就会增强。

于是你不再夸孩子，而是不断打击他。"这点小事儿，你都做不好！你长大还想做什么？""哭有什么用？你好好琢磨一下该怎么做，想一想办法！""你别指望别人，这是你自己的事，你必须想办法解决。""这点儿小失败你都受不了，将来怎么办？你上班以后，可不会有人帮你。"

父母们一般都希望"严厉"这件事由自己来做，好过未来让社会教育他。这么做的出发点看上去是好的，但却在无形中伤害了孩子的自尊心。

孩子的失败在所难免，但每一次失败都是培养抗挫力的最佳时机。这时候我会对孩子说："宝贝儿，看到你这么用心，我觉得你一定会成功。这次失败一定是在哪些细节上出了问题，我们再试一次，这次一定可以成功，我在旁边陪着你。"只论事，不评价，有期待，愿意在旁边见证和支持，这才是孩子再次尝试的动力。而再次尝试，就是一种抗挫能力。

去年有一位爸爸对我说："我在家一般不顺着孩子，我会对他说'你这样不听话，将来到了社会谁会哄着你？你以为谁都要顺着你说呀？'我就怕爷爷奶奶总顺着他，他就觉得自己特别厉害，如果没有一点儿抗挫折能力，将来会很难适应社会。"

很多家长都认为给孩子增加困难，设置障碍，逆着孩子的意愿做事，不夸奖孩子，就是在进行挫折教育了。首先我们要了解，挫折就是"无法达到预期目标"。也就是说，孩子每天都在面对挫折，比如考得不好，遭到批评，和同学闹矛盾，丢了东西，在同学面前摔跤被同学笑，等等。

所以你不需要给孩子再人为地制造困难和障碍，他每天遇到的困难已经够多了。我们要做的是教会孩子在遇到挫折后，解决问题，反思自己，而不是累积挫败感。反思得越多，孩子的抗挫力就会越强。如果只是累积挫败，抗挫能力只会离孩子越来越远。

在挫折教育前，我们要先弄清楚自己的孩子是否适合挫折教育。我通常不建议父母对这两类孩子进行挫折教育：

他们本身就与一般的孩子有差异，需要均衡发展各项智能，而不是专注于一个教育观点，这样才能让孩子各项能力达到平均水平。

本身的能力很突出，已经具备抗挫能力，父母就不要为孩子增加额外的训练了，要鼓励孩子多做其他尝试。他们不仅可以自己提升能力，也会在失败后寻求再次挑战的机会。

挫折教育，并不是增加挫折的数量，而是教会孩子积极地面对挫折、化解挫折。"别泄气，只要你每天多点练习，我敢肯定用不了多久，你就可以成功。""你只要学会解决这个问题，以后这类问题你就都可以解决。"有爱，才是挫折教育的最佳方式。

秘密交换——让孩子愿意说出他在幼儿园的故事

孩子在幼儿园究竟发生了什么事情——为什么孩子突然说什么也不去幼儿园了呢？为什么孩子哭着从幼儿园出来？老师是如何让孩子在幼儿园从不挑食的？孩子有没有好朋友？他上课认真不认真？有没有憋尿？如果他不听话，老师会不会教训他？

下面的方法就可以让你从孩子的嘴里了解真实的幼儿园，了解老师是怎么照顾和教育孩子的。

孩子放学回家后，如果看到孩子的状态还不错，你可以对孩子说："宝贝儿，妈妈都没有去过你的教室，妈妈画一张你的教室的图片，你看看对不对，好吗？"如果这时候你表现得很惊喜，孩子的兴趣自然就会被点燃，他会告诉你他的桌子在哪里，他们的图画区在哪里，他们的娃娃家在哪里。

画完教室后，就可以跟孩子聊一聊老师和同学，这时候你可以对孩子说："宝贝儿，你坐在哪个位置上呀？"再问他好朋友坐在哪个位置上，这样你就可以轻松地知道孩子最喜欢跟谁玩了。然后再让孩子说出班级里其他小朋友的位置。

如果发现班级里有很多小朋友都不在位置上，你就可以问其他小朋友干什么去了。孩子一定会告诉你，谁跟妈妈去旅游了，谁生病了，谁去厕所了，谁正在帮老师收拾东西……这样你就很容易知道了孩子在幼儿园的情况。接下来，你可以用这张图不断地听孩子给你讲幼儿园的故事。一张简单的画，就可以让孩子把所有的秘密都说出来。

演小品的方式相对简单一点儿，就是和孩子一起玩过家家。你可以对孩子说："咱们来玩过家家吧！我要当老师，你当学生好吗？"放心，孩子一定会说我要当老师，你要当学生。这时候你一定要妥协说："那好吧，你来当老师，我来当学生。"

这时候你可以故意给孩子出一道难题："老师，我不喜欢吃青椒。"之后你就会知道老师是怎么教育小朋友不要挑食的。过一会儿，你还可以说："老师，我不想上课。"这样你就能知道老师引导孩子上课的秘密。如果你说："老师，我不喜欢谁谁谁。"你还会听到老师帮小朋友建立关系的秘密。

　　孩子放学回家后，可以对孩子说："宝贝儿，今天妈妈上班的时候发生了一件令我特别生气的事情，我想把这个秘密告诉你。"看看他的表情，你可以接着说："我再告诉你一个秘密，今天晚上做菜的时候我竟然少放了一勺盐。"你用两三个秘密作为筹码，再对孩子说："你在幼儿园里有没有什么秘密？也告诉妈妈吧！"

　　如果我们要求孩子说出他的秘密，孩子通常不知从哪里说起，而且他会没有安全感。但如果你把自己的秘密告诉他，他就会觉得你们是特别好的朋友，自然会把秘密告诉你。不过既然是秘密，就请一定记住不能随便告诉别人，包括他的同学、其他家长和老师。要让孩子和你之间有一个沟通的小渠道。

　　获得孩子的小秘密并没有那么难，最好是通过对彼此的尊重，让孩子自己说出来。威逼利诱换来的也许都是假消息，反而会增加你的焦虑，也会影响你对老师和孩子的信任，最终换来的只有矛盾和不必要的伤害。

孩子爱撒谎——培养品格的好时机

孩子从什么时候开始会撒谎？李康教授研究孩子撒谎这一问题二十年了，他发现孩子在两岁时，有30%的会撒谎。三岁以后，撒谎率高达50%。四岁后，几乎所有的孩子都会撒谎。孩子的年龄越大，我们对谎言的包容度就越低。而且随着孩子年龄的增长，我们会对孩子拙劣的撒谎技术越来越生气。比如，两岁孩子说自己的书包被怪兽偷走了，你可能会偷着笑孩子的天真。但如果是八岁的孩子说自己的书包被怪兽偷走了，估计你就想大打出手了。

我们不妨换一个教育思路来看待撒谎——从根本上说，撒谎是我知道，你不知道，所以我才能骗过你。为了达到"我知道而你不知道"这一结果，孩子必须尝试如何组织更有说服力的语言，营造更自然的面部表情，编织更合理的幻境，来促使你相信这个谎言。孩子为了让你上当，必须不断地提升自己的语言表达能力、逻辑推理能力和自我控制能力。

随着年龄的增长，孩子的撒谎能力会越来越强，谎言成功的概率也会越来越高。我们的任务不是要拆穿孩子的谎言，而是借助谎言来正确地教育孩子，培养孩子的能力。孩子说谎也分为不同的阶段，我们应该如何正确地应对和引导呢？

当你发现了孩子的谎言时，千万不要急于拆穿他。因为说谎时是我们培养孩子品格的最佳时机。我们可以对孩子说："宝贝儿，如果这件事情真的是这样，妈妈一定会帮助你。但如果有其他情况，你也要跟妈妈说清楚，妈妈再来看一看这件事到底该怎么解决。因为妈妈想帮助真正遇到困难的你。"这句话已经表明了我们的态度——我只帮助真的有困难的你，也给了他诚实的机会。如果孩子这时候认错了，说自己说谎了，我们只需要对孩子说："诚实的孩子值得原谅！"让孩子知道诚实才是解决问题的真正态度。遇到孩子死不认错的情况，就是下面要说的第二阶段了。

孩子没有诚实地说出情况，我们就要和孩子一起去解决问题。做到一半的时候，再给孩子一个机会，这时候可以稍微直接一点儿，对孩子说："我觉得这件事情不对，你好像说了谎！"直接提出你的质疑，其实就是给孩子的第二次机会。如果孩子选择承认，我们还是可以按照第一阶段的处理方法对待孩子。

但如果孩子还是不承认，我们就要继续帮助孩子处理谎言。还是做到一半的时候，坚定地对孩子说："宝贝儿，妈妈已经发现你说谎了！"这时候可以说出你为什么知道他骗了你，然后继续对孩子说："这件事我没有办法帮你了，你自己继续解决吧！我问了你两次，你都选择欺骗我，妈妈很伤心。"然后果断地离开孩子，让孩子自己去解决。

无论孩子是否可以独立解决问题，我们都要果断地站在旁边，即使孩子没办法自己解决，他很困扰，需要你的帮助。然后在孩子不知道的情况下，助推一把。

接下来的几天，请改变对孩子的态度，要充分地表现出很失落的样子，不愿意和孩子说话，不愿意陪孩子看书，甚至不愿意做菜，孩子喜欢的菜一道都不做，让他充分感受到他的欺骗深深地伤害了你。一定要等到孩子真的跟你道歉后，才原谅他。

孩子承认错误后，才是我们真正教育孩子的时候。只要他认了错，我们就要立马跟孩子谈条件。不要忘了，为了让你原谅他，孩子一定会对你的所有要求妥协。不过要切记，我们的要求一定不能太过分。你可以这样对孩子说："妈妈认为你是一个好孩子，只不过偶尔撒了谎而已。"

这句话表示你并没有因为孩子说了一次谎就再也不相信他。接着可以说："但是撒谎真的是不对的，我们要达成一个共识，就是不能欺骗别人，包括妈妈和爸爸，你同意吗？"这时候，只要提的要求不是只针对孩子自己的，他就一定会同意。不过，我们还是要做好榜样，即在孩子面前不要说谎。

最后，要对孩子说："咱们制定一个惩罚标准，如果谁违反约定，谁就接受惩罚。"惩罚并不是真的惩罚，而是积极惩罚，比如：惩罚自己考试前进一名，惩罚自己天天叠被子，惩罚自己写字要整齐，把惩罚的项目变成与积极成长相关的项目，这样孩子就会越来越好。即使孩子撒了谎，他获得的惩罚也会让他变得更优秀。因为犯错的时候也是最佳的教育时间。

说谎，本身就是成长的印记。千万不要把说谎恶魔化，因为在生活中，有一些善意的谎言还是很有必要的。善意的谎言，其衡量标准是为了不伤害别人，而不是为了自己获得好处。如果说谎是为了让自己获得好处，我们就需要协助孩子改正。如果说谎是为了别人的利益，我们就没必要特别强调，让孩子自己分辨即可。巧妙地利用孩子说谎，让孩子变得更出色的方法，你学会了吗？

第八章

调动全家，帮孩子建立一生的安全感

挫折教育，别举着挫折教育的大旗，做伤害孩子自尊心的事

- 挫折教育应该怎么做
  - 鼓励孩子，让孩子再一次尝试
    - 不需要给孩子人为制造困难和障碍
    - 孩子本身就与一般的孩子有差异，需要均衡发展各项能力
  - 不能进行挫折教育的两类孩子
    - 本身的能力很突出，具备抗挫能力
    - 挫折教育不是增加挫折的数量，而是教会孩子积极地面对挫折、化解挫折
  - 真正的挫折教育
    - 威逼利诱换来的也许都是假消息，反而会增加你的焦虑
    - 尊重孩子，才让孩子自己说出来

秘密交换，让孩子愿意说出他在幼儿园的故事

- 画画探秘法
- "过家家"探秘法
- 秘密交换法
- 探寻孩子秘密的温馨提示

孩子爱撒谎，培养品格的好时机

- 两岁时，30%的会撒谎
  - 孩子什么时候会撒谎？
    - 三岁以后，撒谎率高达50%
    - 四岁以后，几乎所有孩子都会撒谎
  - 我们的任务不是拆穿孩子，而是正确地教育孩子
    - 1. 表明自己的态度，让孩子承认自己说谎
    - 2. 成人适当地提出质疑，促使孩子承认说谎
    - 3. 假装上当，中途拆穿孩子的谎言，让孩子认错
    - 4. 适当表现出失望，等待孩子道歉
  - 如何应对孩子说谎
    - 5. 孩子承认错误后跟孩子提出要求
    - 6. 制定惩罚标准

184

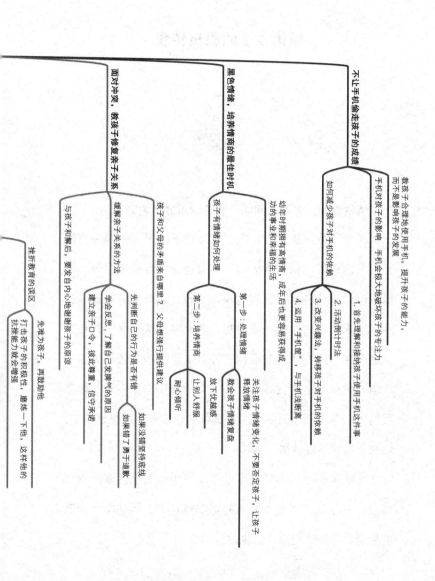

不让手机偷走孩子的成绩

- 手机对孩子的影响
  - 手机会极大地破坏孩子的能力
  - 教孩子合理地使用手机，而不是影响孩子的发展
- 如何减少孩子对手机的依赖
  - 1. 首先理解和接纳孩子使用手机这件事
  - 2. 改变兴趣法，转移孩子对手机的依赖
  - 3. 活动倒计时的方法，提升孩子的专注力
  - 4. 运用"手机墙"，与手机说断舍离
- 孩子有情绪如何处理
  - 第一步：处理情绪
    - 关注孩子情绪变化，不要否定孩子，让孩子释放情绪
    - 教会孩子情绪复盘
    - 放下焦虑感
    - 让别人舒服
    - 耐心倾听
  - 第二步：培养情商
- 孩子和父母的矛盾来自哪里？父母想提供建议
  - 先判断自己的行为是否有错
    - 如果没错坚持底线
    - 如果错了勇于道歉

幼年时期拥有高情商，成年后也更容易获得成功的事业和幸福的生活

黑色情绪，培养情商的最佳时机

- 缓解亲子关系的方法
  - 学会反思，了解自己发脾气的原因
  - 建立亲子口令，彼此鼓重，信守承诺

面对冲突，教孩子修复亲子关系

- 与孩子和解后，要发自内心地感谢孩子的原谅
- 挫折教育的误区
  - 先难为孩子，再来鼓励他
  - 打击孩子的积极性，磨练一下他，这样他的抗挫能力就会增强

第九章

强化孩子的积极转变

情绪管理：哭不是问题，表达诉求才是关键

孩子一哭，家长就心烦，因为孩子的哭泣经常会让家长陷入内在的恐惧和焦虑中，不会再理性地处理问题。所以我们会看到，孩子哭的时候，家长会无条件满足孩子的各种要求，比如给孩子看手机、拿玩具、买零食、背在背上蹦蹦跳、抱在怀里亲亲，等等。如果这些方法都失去了作用，父母就会大发雷霆。孩子哭的原因有很多种，如果我们可以判断孩子哭的类型，就可以轻松有效地安慰孩子，让孩子快速平复情绪。

身体疼痛时，成年人可以清晰地告诉医生疼痛的具体部位。但是孩子却无法说清是把腿撞疼了，还是单纯的肌肉酸痛，甚至会把肚子饿说成肚子痛。

对于生理疼痛，如果我们不能准确判断，建议还是尽早去医院检查。如果是可以准确判断的身体和生理疼痛，我们可以对孩子说："妈妈知道你很疼，如果哭一下会舒服，妈妈就抱着你哭一会儿。"然后用手轻轻抚摸孩子的后背。在孩子停止哭泣后告诉孩子，怎么做才不会摔倒，怎么做才可以保护自己。

　　在成长的过程中，孩子的认知和能力是逐步提升的。第一次说话、第一次走路、第一次自己吃饭，每一个第一次都有失败的可能。孩子比成年人更渴求成功，因为成功后他们可以获得认可和表扬，但是失败就不会有赞美和掌声。这种失落的眼泪要怎么安抚呢？其实也有窍门。

　　首先，应该给孩子传递一种价值观，即失败是被允许的。这样，孩子失败的时候，就不会觉得被冷落或受指责。

　　其次，当孩子因失败开始哭泣时，我们要拉着孩子的手跟他沟通："我知道你这会儿不舒服，可以跟妈妈说一下你的感觉吗？"孩子诉说时，我们要认真地倾听。等孩子倾诉完后，对孩子说："当我们做一件事的时候，成功和失败都是有可能发生的，失败来临的时候，不用害怕，我们只需要想下一次怎么做才能更好就可以了，比如再多花一点儿时间和耐心。"

这时，孩子最需要的是亲人的支持和陪伴，有时候一个大大的拥抱可以胜过千言万语。

对孩子来说，被抛弃会让孩子极度缺失安全感，所以这时候他也会哭得特别惨，而且哭的周期也比较久。例如你在陪伴孩子几年之后，第一次上班，第一次出差离开好几天，孩子上幼儿园了，可能刚开始孩子没有反应，但是当孩子发现你不在身边时，通常会无助地大哭。即使哄好了，他只要想到你也会继续哭。

要想解决安全感缺乏导致的哭泣，最有效的办法就是在分开之前，先帮孩子找到另外一个可以提供安全感的对象，这很难，但是一定要尝试。跟那个人的亲密度越高，孩子的安全感就会越足。

当你回到家，孩子看到你时一定会紧贴着你，还会委屈地哭。这时候你一定要对孩子说："听奶奶说，妈妈去工作，你很乖地吃饭了呢！妈妈真为你高兴。"表扬孩子表现好的地方，孩子就感觉到妈妈的爱。这样做可以让孩子更快地脱离无助的状态。孩子有了安全感，自然就不哭了。

对于第四类孩子，一定要坚持底线，过度的需求一定不要满足。当孩子为了要东西耍赖哭闹时，可以对孩子说："我知道你有自己的想法，等你不哭了，好好跟妈妈说，如果你的理由是合理的，妈妈一定会同意你的要求。"这句话一定要多说几次，因为孩子在哭的时候，不一定会听到你说的话。

当孩子情绪稳定些，要对他说："你可以说自己的理由了。"一定要让孩子知道哭不能解决问题，沟通才是最好的办法。几次之后，孩子思考的就是如何提升说服技巧，而不是继续哭，因为他知道哭不会起到任何作用。

孩子之所以会哭，有的是生理需求，有的是心理需求，有的是物质需求，我们千万不要给孩子贴上"爱哭鬼"的标签。理性看待孩子的哭，根据不同的类型，巧妙地安抚孩子的情绪，慢慢地，就可以让孩子养成用语言表达诉求的习惯。让孩子明白，哭不是问题，但是不能总是用哭来解决问题。

自律管理——如何让孩子放学后自发地写作业

孩子不写作业你会怎么做？唠叨、强迫、惩罚、没收玩具或手机，甚至断绝他的零花钱？如果孩子被作业折磨得受不了会做什么？吵架、消极抵抗、厌学、离家出走，甚至是自杀。

我问过很多妈妈：如果孩子不写作业，你会采取什么办法？家长们的意见十分统一，通常都会选择连环夺命"call"。如果还不写，就加倍地惩罚他，这样还无效的话，就取消孩子的所有娱乐活动。有些人还会给孩子找家教，认为孩子成绩上来了，就会爱上写作业。但是好像所有的努力都不会有结果。更糟糕的是，我们的方法从头到尾充满了对孩子的不信任，不相信孩子可以独立写作业，不相信孩子可以独立安排自己的事情。时间久了，不仅你不相信，孩子也不相信了——每个孩子都能主动写作业，前提是用对方法。

这个方法的关键之处是要有计划，让孩子感受到完成任务的成就感。

孩子注意力集中的时间比较短，一般在10~30分钟左右。建议在家里做一个小黑板，孩子放学回来就对孩子说："把今天的作业写到小黑板上，我们完成一个就擦掉一个。"逐渐擦掉的过程，可以让孩子明显地感受到作业减少的成就感和喜悦感。如果孩子已经大了，我们可以把作业做一个区分，先写一些孩子喜欢做的或者需要时间思考的作业，枯燥乏味的抄写作业放到最后去完成。让孩子把每项作业的预计完成时间写出来，再给他准备一个小闹钟就可以了。当孩子完成计划时，我们可以适当地奖励他，比如可以多玩十五分钟。

需要注意的是，写作业本来就是孩子自己的任务，切记不要每天都给奖励，也不要总是给他物质奖励，否则容易形成恶性循环。

如果孩子中途不想写了或者坚持不下去了，我们可以尝试提醒法，两句话就可以让孩子继续写作业。通常情况下，孩子中途不写作业有两种情况，第一种是孩子遇到了稍微有难度的题，或者不会的题，便开始逃避；第二种是孩子写到一半的时候觉得累了，或者去想其他事情了。

这时，我们可以先说："是不是有不会的地方？需要我帮忙吗？"如果孩子真的有问题，我们可以适当帮帮他。

如果孩子还是没有开始写作业，就有可能是第二种情况，可以轻拍一下他的肩膀，然后对孩子说："是不是走神了，赶紧写作业吧！写完作业，如果你愿意，可以和妈妈一起去超市，去挑一些你喜欢的菜作为今天的晚餐。认真写，妈妈等着你！"这时，应该把孩子的注意力拉回到作业上，让孩子知道作业是自己的，必须完成后才能做别的事情。

让孩子觉得你和他是同一战线的，而不是监督他的人，写作业的环境更轻松，孩子才会更愿意写作业。

这一方法针对的是底线不清晰的孩子。父母要先了解一下孩子的作业量，根据孩子的实际能力，给孩子规定完成作业的时间。如果过了规定时间，便收起他的作业，以示惩罚，至于作业未完成的后果，必须由孩子自己承担。这个过程中，父母一定要严格执行规定，用严肃的态度调整孩子的作业习惯。

最重要的是家长要以身作则，孩子写作业的时候，父母一定要安静地读书，或者专注做自己的工作，不要一边看手机或者电视剧，一边提醒孩子写作业。作为父母，不要忽略我们对孩子的榜样作用。

写作业从来都不轻松，做作业的乐趣永远赶不上玩游戏，所以家长不要着急，不要苛责孩子。养成一个好的习惯从来不是特别简单的事情，需要孩子不断地坚持，更需要我们不断地提醒。作业由易到难，中间适当提醒，关键时刻直接提要求，最重要的还是你的以身作则。

时间管理——三个方法让孩子学会管理自己

很多孩子做事情总是慢吞吞，早上怎么也叫不起来，磨磨蹭蹭，上学总是迟到，还会连累你上班迟到。又比如孩子明明答应你只看三十分钟的动画片，但是三十分钟后你关掉电视，他还是会大哭大闹，最后只能按照他的意愿继续看。对大人和孩子来说，写作业都是折磨。相信你一定跟孩子强调过时间的重要性，希望孩子学会管理时间，可孩子似乎对时间没有任何概念。其实不是孩子不会管理时间，只是我们使用了错误的引导方法。

孩子学会管理时间，不仅能避免父母不必要的时间和精力浪费，更重要的是可以让孩子学会安排自己的时间，做事有计划、有条理，减少迟到、拖延等问题。

在教孩子之前，家长首先要明白在抽象思维能力发展之前，孩子是无法理解"时间"的。家长如果指着时钟说"时间到了"，孩子会觉得很疑惑：那不是时钟吗？怎么是"时间"？因此要想让孩子学会时间管理，最主要的任务并不是告诉他时间有多宝贵，而是告诉他一分钟有多长，这一分钟可以做什么，这一分钟对于他来说有多重要。只有时间和自己有了关系，他才会认为时间是宝贵的。接下来就跟大家分享一下，遗传家教中教孩子学会时间管理的四个小方法：

给孩子一个十分钟的沙漏和一个三十分钟的沙漏，让孩子感受一下时间的区别，做作业也好，看电视也好，用沙漏做约定是一个不错的选择。

一分钟有多长，十分钟有多长，可以做多少事，我们可以和孩子做一些游戏。比如你一分钟可以擦桌子，让孩子找到一个自己在一分钟内可以做的事，并完成它。然后三分钟、五分钟、十分钟，逐渐让孩子通过事情来判断时间的长短。

找到孩子的时间与成就的关系。比如孩子正在搭积木，可以在结束的时候告诉孩子，他用了十分钟成功地搭起了一座大房子。又比如，你用了二十分钟写好了一篇生字，让孩子进一步感受时间与成就感之间的关系。

你要帮助孩子进行专注做事情和拖沓做事情的时间对比。如果你是一个有原则的家长，你发现孩子写作业比较拖沓，可以预先告诉孩子你们几点钟要出去，让他专心写作业，把作业写完一起出门，这个过程一定不要提示孩子。等到该出门的时候，孩子还没有写完的话，你们直接出门，让孩子感受到拖沓的痛苦，承担拖延的后果，比如占去玩乐的时间，做的作业还容易出错，让孩子明白不是父母不带他玩，而是他没有把握住机会。

最后，让孩子学会管理时间，父母也要以身作则，这样你才有权利告诉孩子珍惜时间的好处。随着孩子年龄的增长，家长更应该鼓励孩子自主管理时间，不要认为孩子小，就一手包办。

让孩子感受到管理时间的快乐，也就避免了孩子的"作秀"行为——在家长面前管理时间，家长不在就让时间管理自己。可以根据每天的作业情况，让孩子自己制订计划。在征求孩子的同意后，前期你可以提醒，慢慢地，你要减少提示的次数，孩子也就逐渐学会时间管理了。

压力管理——有方法按步骤地施压，孩子才会更进步

我们经常会看到关于孩子因学习压力大而离家出走或者自杀的新闻。究竟是我们给孩子的压力太大，还是孩子的抗压能力越来越弱了呢？

关于给孩子施压这件事，家长最大的困惑就是，压力大了怕孩子萎靡不振，压力小了怕孩子不痛不痒。

很多父母给孩子施压时都比较简单粗暴，要么就是哪里不行补哪里，数学不好补数学，行为不好就改行为。要么就是家长控制不了孩子了，干脆就放任不管，孩子想做什么就做什么。那么，究竟要怎么施压，才是刚刚好呢？在这里，我教给你三个施压方法。

拒绝一口吃成胖子式施压。简单来说，就是如果孩子只能吃一个包子，我们就不能强迫孩子跟别的孩子一样吃五个包子，而是吃一个半包子即可。这个目标基于孩子的能力，又高于孩子的能力，孩子稍微用点力还是可以实现的。之后可以慢慢地加量，给孩子足够的成长空间。

曾有一个妈妈在孩子上高二的时候变得特别焦虑，因为孩子的成绩太差，她对孩子施压过度，导致孩子离家出走了。她找到我的时候，我通过和孩子聊天发现，孩子对于自己的成绩差也很着急，只是不知道该用什么方法补习，妈妈给自己报了很多补习班，还天天在自己耳边说快高考了，快把他逼疯了。

于是我选择用分批量的方法引导孩子，给孩子制定了阶段的学习目标。在半年的时间内，孩子的单科成绩提升了12~22分，成绩也从班级倒数冲到了班级前十。其实成绩不好，孩子也很痛苦，父母一定要基于孩子的能力施压，而不能盲目施压，只有适合孩子的压力才会让孩子进步。

连续施压指的是两个连续，第一个连续是指家人连续施压，也就是爸爸先给孩子施压，妈妈继续施压，爷爷奶奶、外公外婆也施压。第二种连续施压指的是，今天给孩子提出补习英语的要求，第二天提出补习数学的要求，第三天又提出了补习语文的要求，没等孩子真正实现目标，新的要求又来了，这就是任务的连续施压。无论是哪种施压，都会给孩子带来巨大的压力。

一个妈妈曾经跟我说过，他家孩子在小升初的时候差一点儿自杀，我很诧异，小升初应该没有那么大的压力吧，孩子为什么会偏激到自杀呢？后来跟这个妈妈接触时我发现，这个家庭把所有的希望都放在了孩子的身上，因为家里的其他人文化水平都不是很高，所以大家在孩子身上寄予厚望，希望他能考上一所好学校，所以从小学一年级开始，他们就对孩子进行了连续施压，一直在强调孩子是他们的希望，只有学习成绩好才对得起全家人的付出。

孩子也很努力，从一年级到六年级成绩一直都是年级前五名。可是到了六年级的时候，全家人的焦虑让孩子喘不上气，压力越来越大，最后导致他想要放弃生命，幸好家里人发现及时，才没有酿成大祸。事后，家人又一百八十度大转变，对孩子说："只要你活着，你开心，考上哪里都无所谓。"

原本的集体施压，变成了集体妥协，这对于孩子来说没有任何好处。如果全家人很在乎孩子的发展，可以选择一个更简单的办法——选出一个代表，让代表代替所有人发声，而不是一对多的施压。其实家长的施压是因为无助，把自己变成孩子的支持者，询问孩子的目标并支持，你会发现孩子通常可以实现自己的目标。

很多父母很喜欢临时施压，比如孩子考试成绩不理想，就进行临时施压。拿上班来举例子：你很辛苦地工作，做了很多，成交额却不太理想，老板上来就劈头盖脸地骂你，然后给你定下新的业绩要求，你是不是很不爽？对孩子临时施压，他也是这种感受。

如果要对孩子提出要求，我们应该怎么做呢？比如孩子这次成绩不太理想，我们就要问孩子："你的成绩不太理想，也许是我们不够努力，也有可能是题太难了，对吗？"给孩子找一个台阶，孩子会说："对，就是题太难了。"然后接着说："这么难的题，为什么那么多人会做，而你不会做？我觉得一定是某个环节出了问题，比如你还没有理解这道题。"等待孩子给你一些反馈，无论是什么，你接着对他说："你那么聪明，一定可以搞定这道题，你需要妈妈怎么帮助你，需要我找老师帮你搞定这些问题吗？"让你教或者去补习，都应该是孩子提出来的解决方案，而不是我们提前准备的唯一方案。

给孩子适当的压力可以让孩子进步，但如果压力太大，有可能让孩子选择逃避。记住需要避免的施压方法了吗？适度施压，你会发现孩子进步飞快，也就不用担心压力太大，让孩子承受不了了。

团队精神——培养未来管理能力的基石

有一位爸爸在我的课上分享了自己的故事，全场动容。他说："小时候我一直觉得自己是一个多余的人，家人都是各做各的事情，好像住在一间屋子的旅客。从小什么事情都是我自己做决定，这让我一直觉得很孤单，很没有安全感。长大成家后，我每天都抽出空陪伴家人。一家人只有心在一起，每个人都能感受到爱，才能让孩子感受到安全感，才不会让他觉得自己在家里是多余的、没有价值的。"

很多人会认为，家人之间天然是团结的，还需要培养吗？事实上，家人待在一起和有家庭凝聚力没有关系，只有彼此参与，彼此见证，把爱传达给彼此，才是真正的在一起，才是真正有爱的家庭。

如何提升家庭凝聚力呢？

第一个方法是每周开一次家庭会议。在这个会议上，每个人可以谈谈自己接下来的计划或者想法。爸爸妈妈可以聊聊工作上的事情，以及对自己的要求。孩子可以说一说学校里发生的事情，这周家里发生了什么有趣的事情，家庭成员做了哪些让人觉得很温情、很感动的事情，还可以在会议上制定家庭目标：年底去哪里旅行，家里要买什么新东西。这个会议主要是为了让家人了解彼此发生了什么，让爱在家里流动起来。

第二个方法是让每个人都不可替代。找到每个人的责任，这对于整个家庭格外重要。各司其职，才是家庭团队精神的核心。比如全家人一起包饺子，奶奶和面，爸爸烧水，妈妈包饺子，那孩子就可以摘菜。给孩子安排一些协助的工作，让孩子知道自己的责任，知道自己对于这个集体是不可或缺的角色。

通过大量的活动，让孩子找到自己的家庭位置，做好分内事。分工有序，相互尊重。这样，每个人都是家庭的主人，都参与家庭的活动，孩子内心的安全感和归属感也会得到满足，会更愿意维护家庭这个集体。

第三个方法是创建和谐的家庭文化。家庭文化很重要，通过它，家庭才能进行有效的互动，比如，有的家庭一定要一起看电视，有的家庭每周要举行一次聚会，有的家庭每个月都要去郊区玩一天。我曾经帮一个家庭创造了家庭分享会，每周五晚上，所有人都要做一个分享，把自己这周的进步、快乐、伤心事分享出来。所以这个家庭的孩子从懂事开始，就习惯跟大家一起分享。

最初可能看不出什么，但是孩子到了三四年级时，他的状态就会明显区别于其他孩子。他会很善于调节自己的情绪，而且愿意分享，他可以在最短的时间帮助同学调整情绪状态。班里的同学都很佩服他，他的人际关系特别好，即使他是班里个子最小的，那些高高壮壮的男生也都很听他的话。他妈妈很惊讶，一个分享会竟然可以给孩子带来这么大的能量。其实，这是因为孩子学会了使用集体的力量。

总之，要让孩子明白，想让家庭变得更好，就需要所有家庭成员的努力。让孩子明白，他不是旁观者，而是参与者。这样一来，孩子不仅可以学会团队精神，还能学会感恩，感谢你的帮助，感谢你的照顾，感谢所有人对他的鼓励和支持。这不仅仅会对孩子的生活、家庭、婚姻和事业有帮助，甚至可以帮助别人变得更好！

建立自信——孩子做事的关键品格

我看到过这样一则新闻，一位常春藤女博士因为母亲的一句话而跳楼自杀了。相信看到这篇报道的人都和我一样震惊。

当时，那位女博士是这样说的："我是不是永远都没法让你满意？"

母亲反问："你觉得自己做得很好吗？"她还没说完，女儿就转身跳下了阳台。

旁人说：妈妈在外人面前提到女儿时总是一脸的骄傲，

但面对女儿时，却极少称赞与夸奖。这个悲剧诉说的不是一个生命的逝去，而是女儿的绝望与无助。我们常有一个误区，表扬会让孩子骄傲，而不表扬孩子，能让他一直憋着一股劲儿，会更加努力。但孩子在父母面前是很脆弱的，外人怎么指责都不如父母的一句否认，旁人怎么夸奖都不如父母的一句认可。

更糟糕的是，很多人都不会表扬孩子。不会不是指你不表扬，而是你夸孩子的词大而空，比如"真棒""真好""真厉害""真聪明""真牛"。这些词都太抽象了。真正对于孩子的成长有帮助的夸奖，一点儿都不复杂，家长最需要的是用心，让孩子受到鼓励的同时，还能让他在表扬和称赞中一天比一天自信。那如何做到用心夸奖呢？

例如：孩子刚开始学走路的时候，非常顺利地走了一段距离，大部分人会说："你真棒啊！"然后呢？就没了，这种夸奖起不到什么作用。你应该这样夸他："宝宝，你刚才走路走得非常稳，没有摔倒，你真棒。你刚才走路的时候眼睛一直盯着前方，你的眼神非常专注，非常棒！"

这样描述细节，不仅让孩子知道自己因为什么事受到了认可，还会让他接下来更加专注认真地把步子迈稳当。

孩子第一次独立上厕所时，可以这样对他说："你自己可以上厕所了，太棒了。自己可以擦小屁屁啦，还能自己冲马桶，而且还认真地洗了小手，太棒啦！"

无论孩子多大，每一次他通过努力获得了不错的成绩时，我们都要及时地表扬孩子，不是泛泛地夸奖，而是要具体一点儿，让孩子知道自己为什么获得了表扬，这样他下次就有了努力的方向。孩子期末考试成绩名次上升了，单科成绩有了突破，可以跟他说："这学期，你每天都很努力地学习，放学回来就复习当天的课程，考试前还主动调整了作息时间，这次成绩是你之前的努力换来的，真的很棒！"

很多人夸孩子的时候总是习惯性地带出张三和李四，什么张三足球踢得比你好啊，李四英语比你厉害啦。其实每个孩子都是独立的个体，将两个不同的个体进行比较完全没道理，还会给孩子造成莫大的压力，对孩子也不公平。

因此，夸奖孩子的时候不要和别人比，只和他自己比，这才是真正的夸奖。你可以对孩子说："你这张画比上次画得更好了，颜色更加饱满，线条也越来越流畅了。"比如孩子学写拼音时，可以幽默地说："你以前写的字母都挤成一团啦，现在它们都整整齐齐地坐在格子里，真棒呀！"

将孩子的今天和昨天做对比，哪怕是小小的进步，都是真正意义上的自我成长，都值得夸一夸。

夸奖孩子的同时也应该教孩子去夸奖别人，比如你夸奖完孩子的时候可以问孩子："妈妈夸奖你你高兴吗？"孩子肯定会回答："当然！"这时候你就可以说，"如果别人表现得好，你也可以夸奖一下他哦，就像妈妈夸奖你一样，他肯定也会很开心的。"这样的夸赞不但认可了孩子，也让他学会了输出。父母的言传身教最重要，言教和身教分不开，不仅要教会孩子说，还要教会孩子做。

综上，我教给了大家三个夸奖孩子的方法，第一个，夸具体；第二个，横向夸，不对比；第三个，为他人点赞！当然，在日常生活中，孩子们会突然主动向我们寻求夸奖，也许你那时正忙于工作，但我还是希望你能花上1分钟时间让自己抽离出来，并按照上面学到的三个方法做到用心、带感情地夸孩子。

如果孩子正处在幼儿园或者小学阶段，你可以顺手把他抱在怀里，紧紧地抱住，亲一口。对于大点的孩子，你可以搂下他的肩膀，摸摸他的头。发自内心的爱和表扬，孩子一定能够感受到。

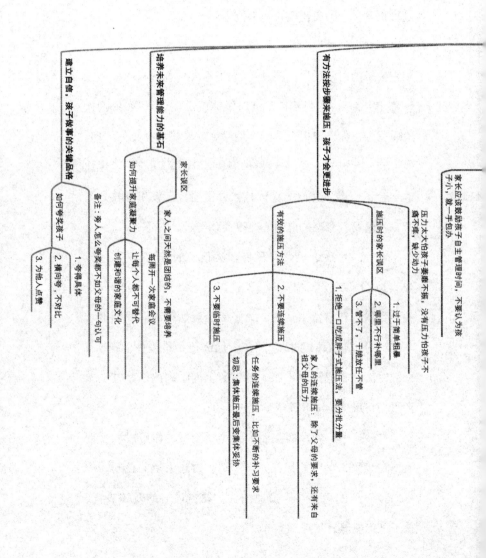

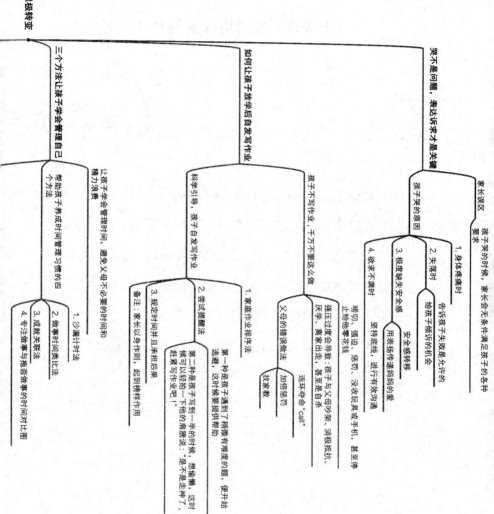

第九章　强化孩子的积极转变

哭不是问题，表达诉求才是关键
- 家长误区：孩子哭的时候，家长会无条件满足孩子的各种要求
- 孩子哭的原因：
  - 1. 身体疼痛时 —— 给孩子哭诉的机会
  - 2. 失落时 —— 安全感转移：用表扬等进妈妈的爱
  - 3. 极度缺乏安全感时 —— 坚持底线，没收玩具或手机，消极抵抗，甚至停止给他零花钱
  - 4. 欲求不满时 —— 唠叨、强迫、惩罚，甚至与父母吵架，离家出走，甚至是自杀／环环夺命"call"

如何让孩子放学后自发写作业
- 孩子不写作业，千万不要这么做
  - 父母的错误做法：找家教／加倍惩罚
- 科学引导，孩子自发写作业
  - 1. 家庭作业排序法
  - 2. 尝试提醒法：第一种是孩子遇到了稍微有难度的题，便开始逃避，这时候需要提供帮助；第二种是孩子写到一半的时候，想偷懒，这时候可以拖一下他的后腿说："是不是走神了，赶紧写作业吧！"
  - 3. 规定时间并且承担后果
    - 备注：家长以身作则，起到榜样作用

三个方法让孩子学会管理自己
- 帮助孩子养成时间管理习惯的四个方法
  - 让孩子学会管理时间，避免父母不必要的时间和精力浪费
  - 1. 沙漏计时法
  - 2. 做事时间表比法
  - 3. 成就关联法
  - 4. 专注做事与拖沓做事的时间对比图

引导孩子发现更优秀的自己

阅读——几个小方法让孩子爱上阅读

阅读对孩子的益处不必赘述，但很多父母对孩子的阅读存在严重的误解。他们让孩子看书，是因为觉得读书对孩子有帮助，对学习有用。但对孩子来说，书中的故事很有趣，可以让他们了解未知的领域，他们绝不会因为父母觉得有用而看书。所以，看书应该是孩子自己的选择，而不是我们给孩子的选项。

我们该如何引导孩子爱上阅读呢？不妨试试我在遗传家教课程中常用的三个引导方法。

习惯的力量是可怕的。阅读也一样，比如晚上睡觉前，给孩子读一个故事，慢慢地把讲故事变成必要的环节。睡前是人最放松的时刻，读一个故事，刚好睡觉，读的书一般会深深地印在孩子的脑袋里。

　　一旦孩子的习惯养成了，我们就可以跟孩子角色交换。我们可以对孩子说："宝贝儿，今天你给我读一个故事吧！"孩子读完故事后，我们要及时鼓励孩子，告诉他哪里讲得最好。我们的细节夸奖越丰富，孩子就越容易爱上阅读。

　　孩子大一些后，我们要做的就是影响。比如到了固定时间，爸爸和妈妈就可以拿出自己准备的书，开始阅读。这个时间是固定的，我们要给孩子一个思维习惯，就是到了某个时间，爸爸妈妈就要读书。

　　当孩子慢慢地意识到这件事是家里人的共同爱好时，

他也会悄悄地翻起书来。我们最不能做的是要求孩子看多少，而是对他说："你喜欢看什么书？我可以买给你。"把书给孩子后，我们对孩子说："看完之后要是还想看别的，我可以继续买给你。但一定是要看完才买哦！"给孩子定一个舒服的目标，对孩子来说也很重要。

所谓二少一多，就是字少、页少、图画多。我们可以设想一下，如果看到一本厚厚的书，里面全是密密麻麻的文字，几十页连个图都没有，你能看得下去吗？对孩子也一样，当他发现自己很努力地看，可是很长时间却只翻了两页时，他还有多少耐心接着往下看呢？过不了几天，他就会悄悄地把这本书丢进抽屉。

在开始培养孩子的阅读习惯之前，我们要尽可能地满足孩子的成就感，让他能在很短的时间内读完书，而且不觉得辛苦，他就会很快养成读书的习惯。我想培养孩子形成好的读书习惯，就为幼儿园购买了几千套绘本。每天都为孩子建立固定的阅读时间。随着识字量增多，他们开始喜欢上那些字更多、图更少一点儿的书，因为简短的故事已经不再能满足他们的求知欲了。

满足孩子的成就感，满足孩子的求知欲，孩子自然会爱上读书。

当我们为孩子准备书的时候，首要条件是什么？我想一定是有用，或者是希望孩子通过读书获得某个技能吧。我给这类书起了一个名字：功利书，即读书是为了达到某种目的，而不是单纯地享受读书的乐趣。所以我建议父母们，还是要买孩子感兴趣的书。只有兴趣来了，书才能成为孩子的好朋友。

有一天侄子问我："老叔，你知道霸王龙喜欢吃什么吗？"我一时没回答上来，便问他："你知道它喜欢吃什么吗？"我侄子愣了一下说："我就是不知道，所以才问你呀！"我回答他："我真的不知道，既然你这么感兴趣，等下我给你买一本霸王龙的书，咱们一起找答案吧！"因为这是他感兴趣的事，于是他马上答应下来。接下来的三天，他几乎见到我就逼问我书到了吗？当他拿到书的那一刻，只用了一个小时就把书看了两遍！

抓住一切机会，根据孩子的兴趣给孩子选择他爱的书，孩子才能真正地爱上阅读。

当孩子对图书有了基本的兴趣后，我们怎么在一大堆的书目中，找到适合他的书呢？现在的图书那么多，简直浩如烟海。有以下几个小原则：

1.类型合适。无论是冒险、家庭，还是漫画、科普，不盲目地选择哪个系列，而是根据孩子的兴趣选择适合的类型。

2.思想略高出当下孩子的理解水平。太简单的，孩子会觉得无趣，而太难的会让孩子读不进去。

3.语言难度适中。书中不要出现大量难以理解的形容词和专业名词，否则孩子读起来太辛苦，很容易中途放弃。

4.正规出版社的正版书。因为只有正版书才能保证质量。

让孩子爱上读书没有那么难，只要方法对了，孩子的求知欲自然可以督促他自己去翻书。读书越多，孩子看到的世界就越大，世界越大，孩子不懂的就会越多，而他总能发现值得他去探索的角落。

语言——没有不会说话的孩子，只有不会教的父母

有些孩子到了三岁说话还是不利索，与人交流都要靠父母连猜带蒙，才能知道个大概。眼见着要去幼儿园了，有些家长就开始焦虑，孩子怎么跟老师沟通啊？他怎么跟同学一起玩啊？话都说不利索，在学校里会不会吃亏？再看其他同龄的小朋友，儿歌、古诗都能够倒背如流了，自己的孩子连一句完整的话都说不出来呢。

当然，也有家长觉得孩子说话晚点儿没什么关系，到了学校早晚能学会。殊不知，幼儿园是孩子进入的第一个社会集体，说话这个技能就显得尤为重要。如果孩子不能顺畅地表达自己的意愿，融入小集体，他的内心通常会有较大的压力。幼儿园的小朋友甚至可能会因为孩子说不清楚话很有趣，而故意学他说话甚至嘲笑他，这些行为会给孩子留下社交恐惧的心理阴影。

　　所以，父母对孩子表达能力的担心和焦虑不无道理。无论孩子到没到说话的年纪，以下方法都可以帮助父母在早期介入，引导孩子的语言能力，让孩子学会好好说话。

　　父母要注意观察，如果孩子说话晚是生理问题，就一定要及时找医生进行干预治疗。如果不是生理原因，就可以放心使用我说的这些方法了。相信如此训练孩子的父母，一定可以教出口齿伶俐的孩子。

　　这个方法适用于上幼儿园之前的孩子。随着孩子逐渐长大，我们要逐渐减少这样的训练。比如给孩子换尿不湿的时候，我们可以对孩子说："宝宝你今天拉的臭臭好臭啊，为什么这么臭呢？是不是吃得太多了？"陪孩子遛弯儿的时候，可以对孩子说："今天的太阳好大呀，照在身上暖暖的，对不对？"

吃饭的时候，我们也可以对孩子说："宝宝你吃得好多呀！是不是因为今天妈妈做的饭特别香？"其实，这个方法就是通过与孩子的大量互动和对话，为他创造基础的语境。在孩子的成长过程中，我们可以大量地使用"自言自语"的方式。不需要特别跟孩子强调，强迫他听，只要不断在孩子耳边重复说些与吃穿住行相关的话题就可以了。

为什么要说与吃穿住行相关的话题呢？因为随着孩子的成长，他们最先表达的语言都是与这些话题息息相关的。所以，在孩子还没学会说话前，或者刚开始学说话时，就让他熟悉与生活息息相关的对话，对孩子早日开口说话很有帮助。他知道该怎么说，就会想表达出来，进而发展到说清自己的需求。

这个方法极其简单，很多人都在用。就是把常见的东西都变成叠词，苹果变成果果，香蕉变成蕉蕉，米饭变成饭饭……这时候你一定会想出一系列的词：菜菜、肉肉、花花、狗狗、猫猫……因为从语序上来说，叠词是孩子最容易掌握的，也最符合孩子的语言发展规律。父母经常这样说，会让孩子更愿意表达。话是越说越熟练的，给孩子降低难度，让他敢于尝试，也会让孩子更有信心。

孩子为什么会先喊爸爸？因为"baba"的发音是气流从内

往外的爆破音。多给孩子说类似的爆破音也有助于提升孩子的发音能力。有一个细节请父母们记住，爷爷、奶奶、爸爸、妈妈、哥哥、姐姐……这些称呼要先教给孩子。因为孩子可以将这些称呼对应到每一张脸上，有助于提高孩子的发声意愿。

等孩子稍微大一点儿，能带着他出门时，我们就可以不断地指给他看："这个车是宝马，这个车是奔驰，这上面写的是烟酒，这上面写的是ＡＢＣ，这个是稻香村……"千万不要小瞧这种边走边看的方式，因为等年龄再大一些，他自己也会追着问："妈妈，这是什么？""妈妈，那个是什么？"而我们只不过是把孩子的提问阶段提前了一些而已。

你可能会好奇孩子是怎么学会的？其实就是在"出门探险"的过程中耳濡目染学会的。不断重复的讯息，不仅可以训练孩子的听力和语言能力，还会训练他们的记忆力。慢慢地，孩子不仅会认识这些东西，还会认识这些字，你会发现孩子的进步简直就是飞跃似的。

除了给孩子创造基本语境，呵护孩子说话的兴趣也很重要。不要替孩子说话！父母代替孩子说话，通常有以下几种情况：

1. 父母猜到孩子的想法，然后就直接说出来，甚至帮他做了。

比如孩子刚张口，妈妈就猜到了，直接把奶瓶递给了他。当孩子开始学说话时，就算我们看一眼就知道是孩子肚子饿了，也依然要问他："你要什么？"让孩子自己说出来。正所谓"能读懂孩子所有需求的父母，养不出会说话的孩子"，说的就是这个道理。

2.很多父母没有耐心，嫌孩子说话慢，于是代替孩子说出他的想法，却让孩子错过了自己组织语言的时机。

3.父母为了让孩子在别人面前言行得体，会替孩子说话，以实现社交。

比如舅舅问孩子："你今天吃什么啦？"孩子还在思考呢，父母就替他说："跟舅舅说咱们吃了饺子。"然后，还会接着说："你也要问舅舅吃饭了吗？"

我们要为孩子创造自己说话场景，也要给孩子足够的耐心和时间，还要让孩子自己组织语言，自己去完成社交！每个孩子学说话都是从零开始的，父母要明白这是必经的过程，不要打断孩子说话，陪伴着孩子而不是替孩子说。任意打断孩子说话，不仅会延缓孩子学说话的时间，更会伤害孩子的自尊心和自信心。

没有天生不爱说话的孩子，只有不会教的父母。关于怎么学说话，大家各有各的方法，但有一条基本的公认原则，就是"有输入才有输出"。只有给孩子大量的外界刺激，他的语言能力才会越来越好。教孩子开口说话绝不是一件轻松的事情，用对了方法，就会大大减少育儿的压力，也更有效。

情商——让孩子从小就有良好的人际关系

"你给我站住！""你听我说！""你别动我的东西！""为什么是你来接我？""你不许进门！""你们都别说话！"这些话如果都是从稚嫩的孩子口中说出来的，你会有什么感受？如果小朋友总是用这样的语气和口吻跟其他小朋友交流，你认为会有人喜欢他吗？

我班上曾有一个四岁的小男孩，他有一个好朋友，是一个小姑娘。俩人每天都玩得很开心，总是一到幼儿园就寻找彼此的身影。但是有一天，小男孩跟小姑娘闹了矛盾，小姑娘不跟他玩了。于是小男孩拉住小姑娘的手不放，最后居然抓着她的头发使劲儿拽。他不知道怎么用语言去表达自己的想法，在和别人相处的过程中，他总是要求别人要按照自己的标准来做事。

很多父母为了让孩子拥有好人缘，便强迫孩子社交。他们带着孩子去公园跟小朋友一起玩耍，一起郊游，一起上兴趣课，一起吃饭，一起过周末，一起出国游……父母尽了最大的努力要为孩子建立人际交往的机会和平台。但父母却往往容易忽略孩子的性格建设——如果孩子总是对别人提要求却不对自己提要求，父母努力创造的平台也会土崩瓦解，别人依然不会喜欢他。

要想孩子拥有高情商，收获好人缘，可以从以下三方面进行调整：

在人际交往中，情绪控制得比较好的人更容易获得别人的认可。但很多孩子并不认为自己需要控制情绪，而且就算知道因为小事就大发脾气是不对的，也不知道该怎么控制情绪。

有一位妈妈曾经向我吐槽，她家孩子无法控制自己的情绪。他已经上小学六年级了，但每次遇到不顺心的事情，都会用暴力来解决问题，班里的同学几乎被他打了个遍。其实每次回到家，孩子都知道自己做错了，会很痛快地承认自己的错误。平静的时候，孩子还会说：我知道动手不对，但是不知道为什么，我就是控制不住自己的情绪。

当然，这是一例比较严重的个案，并不是每个孩子都会采用暴力来解决问题，更多的孩子会用表情、语言来解决问题。我为这位妈妈出了一个主意，当他有情绪的时候，不对他进行说教或批评教育，等孩子情绪稳定时，再和他沟通。同时，在接下来的一个月，家里的伙食要有明显的改变——缩减孩子喜欢的食物，告诉他："因为你打伤了别的小朋友，所以我们需要为他赔偿。赔了小朋友钱，我们就只能缩减生活费了。"说这些话时，要全程平和，不要让孩子觉得父母对他有意见。最后要对孩子说："我相信你有办法解决情绪这个问题，咱们一点点地进步，一定可以学会控制情绪。"这时候，一定要及时告诉孩子，我们相信他可以成功控制情绪。当孩子的情绪和自身的利益有联系时，他才会知道随意发泄坏情绪的危害。否则，每次都是父母在为他解决问题，孩子不会有任何感受，反而会变本加厉地随意发泄。

孩子如果没有同理心，就很难理解别人，只会按照自己的想法来要求别人。这是大多数孩子都会经历的阶段。随着年龄的增大，他们也会开始学习从别人的角度考虑问题。而如果这时没有父母的引导，或者父母不知该如何引导孩子有同理心，那么孩子就会变得越来越"自私和刻薄"，让周围的人难以接受。孩子为什么会变成"小霸王"？接下来，我们讲讲如何培养孩子的同理心，让孩子也能站在别人的角度去思考。

如果孩子做错了事，并且没有意识到是自己有问题，那我们就要对他做同样的事，让他感同身受。比如孩子打长辈，那我们就要在他情绪稳定后打他的手掌心，然后问他："妈妈打你疼吗？"孩子回答后，继续跟他说："刚刚你打奶奶用的力气可比这个大多了！我们要尊重长辈，你打了奶奶，会让她感受不到你的尊重。如果你这样对待别的小朋友，他们也会因此而害怕你，甚至不再和你玩了。"

切记，我们的目的不是用暴力解决问题，而是让孩子感受到疼痛，激发同理心。再比如孩子吃东西的时候，霸占了所有他喜欢的食物，不让别人碰。那我们可以霸占他喜欢吃的东西，也不让他碰。也就是说，如果他霸占了电视，我们就可以霸占他的玩具。

简单地说，让孩子感同身受，就是当他对别人提出非理要求时，我们可以用同样的要求对待他。这样，我们就可以慢慢地培养出孩子的同理心，因为对孩子来说，同理心通常是感受出来的，而不是讲道理就能理解的。

一个自私的人，真的很难拥有好朋友，甚至都很难拥有朋友。因为他们习惯了接受别人的帮助，而不愿意对别人施以援手。在孩子的成长过程中，"越来越自私"已经日渐成为孩子最容易出现的问题。一旦养成这样的坏习惯，孩子未来的路会越来越难走。要解决这个问题，我们需要让孩子学会如何帮助别人。

在家里，我们可以不断地向他寻求帮助。比如，"宝贝儿，能不能帮妈妈拿一个碗？""宝贝儿，能不能帮妈妈擦一下桌子？"当孩子帮助你后，要记得及时给他反馈，给他高度的认可。不过，这里也藏着一个小技巧，那就是你要不定时地，不给他任何反馈。

如此不断地重复，直到他提出疑问："你为什么不谢谢我？"这时，我们要告诉孩子："当我们帮助别人的时候，有可能会获得谢谢，也有可能不会收获任何感谢。但就算没有获得别人的反馈，我们也要帮助别人。你看妈妈给你做饭，帮你穿衣服，我是不是就从来不向你要回报和感谢呢？"

我们需要让孩子知道，帮助别人时，自己也会收获快乐。如果别人感谢他，他需要回以微笑；如果别人没有感谢他，他以后也依然会去帮助别人。只有孩子慢慢地学会伸出援手，不再袖手旁观，他才会觉得帮助别人是理所当然的事情。而他的人际关系也会在不知不觉中变得越来越好。

在人工智能和5G时代，科技的快速发展已经改变了人与人的相处模式，这也是未来孩子面临的挑战，他们需要提高与人交往的能力。只有拥有良好的人际关系，他们才能拥有真正的朋友。如果只是单纯地停留在网络上，那么人际关系就都是假象。因此我们需要培养孩子的交往能力，引导他收获友情和良好的人际关系。

财商——金钱意识要从娃娃抓起，跟孩子"不炫富""不哭穷"

《富爸爸穷爸爸》出版以后，很多人都在纠结自己是当穷爸爸，还是富爸爸。而财商，也是孩子未来需要具备的能力。让我们一起跟孩子来聊聊"钱"这件事吧！

2014年，一个四岁的孩子将同学的眼睛抠瞎了。而原因竟是父亲告诉他："谁欺负你，你就往死里收拾他，打坏了爸爸赔！"这个财大气粗的爸爸，不仅毁掉了一个孩子，也让自己的孩子背负了一辈子的愧疚。

孩子总会从一个时期开始思考，并逐渐形成自己的金钱观。这时，父母的态度和行为就会直接影响孩子的判断：让孩子觉得自己是"富人"未必是好事；让孩子觉得自己是"穷人"也未必是好事。我们可以用以下三个方法，教父母如何通过自己的影响力，让孩子懂得利用"贫"或"富"，建构正确的金钱观。

淡化孩子的贫富意识，父母要先从自己做起。很多家长都想尽办法让孩子享受更好的物质生活，所以孩子想要什么，父母都会尽力满足。即使自己缩衣节食，也会想尽办法去满足孩子。家长的行为无疑会助长孩子强烈的贫富意识。

面对孩子的需求，我们未必都要满足，可以对孩子说："宝贝儿，你现在得到的都是爸爸、妈妈努力工作换来的。你不努力，就没办法拥有很多东西；如果你有想要的东西，也要通过自己的努力才可以哦。"这样孩子就会知道，自己得到的东西都是通过努力得来的，孩子的贫富意识也就被淡化了。

此外，我们真的没必要想尽办法将孩子送到私立学校读书，这样反而会使孩子的贫富意识更加明显。我记得深圳有一个孩子在私立学校上学，每个月光零花钱就要2000多元。我问他那么多钱用来做什么？孩子告诉我"不知道"。他说："我们班同学的零花钱都是这么多。"如果家庭条件比较差，孩子在私立学校反而像在夹缝里生存。而家里也会因为孩子上学的原因，生活毫无品质。

有钱的孩子学会了攀比，没钱的孩子则学会了自卑。贫富的差距在孩子的心里萌芽，我相信这是每个父母都不想看到的。无论家庭条件如何，我们都要对孩子说："爸爸妈妈会根据咱们家的经济实力来支持你。不过最终的努力还是要靠你自己，希望你在同学身上可以学到更多的优点，让自己更出色。"

　　为孩子建立正确的金钱观，首先我们绝对不能有求必应。如果是孩子学习的必需品，可以提供给他，但如果是其他非学习类的"奢侈"品，我们就要考虑一下，它对于孩子来说是否是必要的。如果你想为他买，就要告诉他："你想要的东西，我帮你买了。我希望它可以让你更开心，可以让你变得更好。不过，你一定要学会保护和珍惜它，否则我会觉得这个东西并不适合你。下一次你再提出这种要求，我可能就会直接拒绝你。"

　　这样，我们不仅告诉了孩子要珍惜物品，也向他明确了自己的底线。以后孩子再想买超出父母能力范围的东西，自然会慎重地开口。

　　我们还要教会孩子如何理财。让孩子有自己的零花钱，是一个不错的方法。你可以引导孩子存钱、记账，让他记录好每一笔收入和支出。

还有一个小细节，要教给孩子，就是每次购物后，如果发现这个东西他不喜欢或者不用了，就要找到记录，标注好日期。一学期结束时，可以让孩子做一个小总结。我们可以这样对孩子说："一个学期过去了，你可以把零花钱做一个计算，看看自己买的用不到的东西花了多少钱？买自己需要的东西花了多少钱？"

　　这时候切忌对孩子说教，要让孩子自己去整理。最后，我们可以对孩子说："有没有发现，如果你没有买那些自己不需要的东西，就会有更多的零花钱？你就可以去买更多自己喜欢的东西了。"

　　这个方法可以让孩子意识到自己乱花了钱。只有孩子真正明白和感受到，他对财务的掌控能力才会提高。

　　我们的财富跟孩子有什么关系？其实并没有直接关系。为什么孩子可以肆无忌惮地使用你的财富？这与"穷"和"富"无关，而与我们的情感和期待相关。

　　我们都希望自己投入的金钱可以让孩子变得更好，所以我们既不要跟孩子炫富，也不要向孩子哭穷，要让孩子自然地接触金钱，通过努力获得属于自己的财富。希望孩子能学到不攀比、不自卑、不炫富和不自我否定的优秀品质。

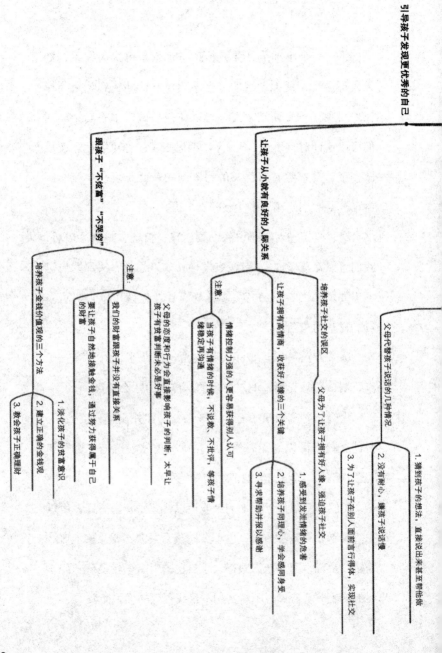

第十章　引导孩子发现更优秀的自己

让孩子从小就有良好的人际关系
- 培养孩子社交的误区
  - 父母为了让孩子拥有好人缘，强迫孩子社交
- 让孩子拥有高情商，收获好人缘的三个关键
  1. 感受到发泄情绪的危害
  2. 培养孩子同理心，学会感同身受
  3. 寻求帮助并采以感谢
- 注意：
  - 情绪控制力强的人更容易获得别人认可
  - 当孩子有情绪的时候，不说教，不批评，等孩子情绪稳定再沟通
  - 父母代替孩子说话的几种情况
    1. 猜到孩子的想法，直接说出来甚至帮他做
    2. 没有耐心，嫌孩子说话慢
    3. 为了让孩子在别人面前言行得体，实现社交

跟孩子"不炫富""不哭穷"
- 注意：
  - 我们的附富跟孩子并没有直接关系
  - 要让孩子自然地接触金钱，通过努力获得属于自己的附富
  - 孩子有贫富判断未必是好事，太早让
- 培养孩子金钱价值观的三个方法
  1. 淡化孩子的贫富意识
  2. 建立正确的金钱观
  3. 教会孩子正确理财

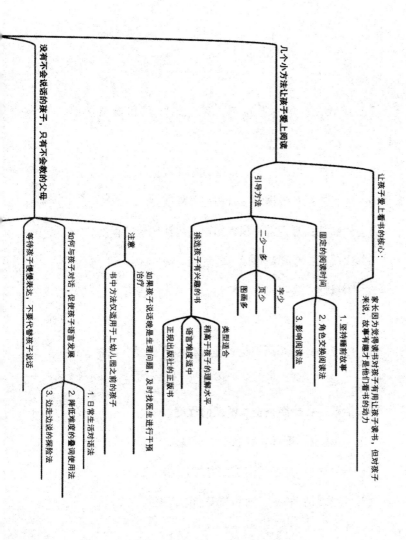

几个小方法让孩子爱上阅读

让孩子爱上看书的核心：家长因为觉得读书对孩子有用让孩子读书，但对孩子来说，故事有趣才是他们爱看书的动力

引导方法
- 固定的阅读时间
  - 1. 坚持睡前故事
  - 2. 角色交换阅读法
  - 3. 影响阅读法
- 三少多
  - 字少
  - 页少
  - 图画多
- 挑选孩子有兴趣的书
  - 类型适合
    - 稍高于孩子的理解水平
    - 语言难度适中
    - 正规出版社的正版书
  - 如果孩子说话晚是生理问题，及时找医生进行干预治疗

注意
- 书中方法仅适用于上幼儿园之前的孩子
- 如何与孩子对话，促使孩子语言发展
  - 1. 日常生活对话法
  - 2. 降低难度的叠词使用法
  - 3. 边走边说的探险法
- 等待孩子懂得表达，不要代替孩子说话

没有不会说话的孩子，只有不会教的父母

附录 名词解释

1. 开放性：是否愿意与人交往、注重和谐发展的程度。

2. 完美性：追求完美、重视目标计划的程度。

3. 较真性：对事物的钻研和完善程度。

4. 认知性：是否重视积累知识，包括聪明的程度。

5. 成就性：是否注重成就的程度。

6. 力量性：是否愿意支配和影响他人的程度。

7. 浪漫性：浪漫的程度。

8. 给予性：是否愿意给予他人，包含仁爱、慈孝、正义等。

9. 活跃性：情绪兴奋和活跃的程度。

10. 形体性：形体特征状况的程度。

11. 疑惑性：是否倾向于探究他人的动机。

12. 随和性：和平、随和与安静的程度。

13. 传统性：对传统的坚守程度。

14. 自由性：重视自由的程度。

15. 智慧性：创造能力和智慧的程度。

16. 想象性：重视想象、追求至善的程度。

17. 多面性：性格复杂的程度。

18. 多变性：机敏的程度。